라라의 털모자

수필세계사가 만든 우리시대의 수필작가선 112 김인옥 수필집

우리시대의 수필작가선 112

라라의 털모자

김인옥 수필집

수필세계사

작가의 말

마음 한구석이 늘 헛헛했습니다. 빈 가슴을 채워줄 무언가를 찾아 여기저기 기웃거려보았지만 언제나 헛걸음이었습니다.

주뼛거리며 들어선 수필교실에서 글을 쓰고 싶은 의욕이 솟구치며 가슴이 뛰었습니다. 그러나 깊이 감춰 둔 못난 모습을 세상 밖으로 드러내는 것은 결코 쉬운 일이 아니었습니다. 넋두리 같은 글에 교수님께서 큰 용기를 주시며 계속 쓸 수 있도록 힘을 주셨습니다. 저는 거기에 고무되어 한번도 입 밖에 내어본 적이 없는 부끄럽고 아픈 기억도 술술 토해냈습니다.

한 편의 글을 완성할 때마다 속이 비어가는 듯한 허전함과 동시에 포만감과도 같은 행복감에 젖었습니다. 오랫동안 찾아 헤매던 바로 그것, 제가 진정 좋아하는 일을 비로소 찾은 느낌이었습니다. 글을 쓰면서 사람과 세상을 조금 더 이해하게 되었고 과거의 나 자신과도 화해할 수 있었습니다.

수필집 발간의 기회가 왔을 때, 더럭 겁부터 났습니다. 문우님들의 격려에 겨우 정신을 차리고, 뜨거웠던 지난여름의 열기보다 더 뜨거운 한숨을 토해내며 글과 씨름했습니다. 동인지에 발표하거나 일간

신문에 실었던 칼럼들도 다시 다듬었습니다.

　사실 문우들의 수필집 발간 소식이 들려올 때마다 여간 부러운 게 아니었습니다. 나도 언제쯤 내 이름으로 된 수필집을 손에 들 수 있을지, 아득하게만 여겨지는 그날을 꿈꾸어보기도 했습니다. 그런데 막상 꿈이 이루어지니 두렵고 떨리기만 합니다. 많이 부족한 글이지만 부디 누군가에게 작은 기쁨을, 위로와 용기를 줄 수 있기를 간절히 기도드립니다.

　수필의 세계로 이끌어주시고 무딘 글 채찍질 해주신 교수님과 용기와 격려와 조언을 아끼지 않으신 선배 문우님들, 특히 언양에포 선생님들과 작당모의 친구들에게 마음 깊이 감사드립니다. 표지 그림을 그려준 사위 김재륭, 앙증맞은 삽화를 선물한 손녀 예하, 글의 소재가 되어주고 글을 쓸 수 있도록 배려해 준 남편에게도 사랑과 고마운 마음 전합니다.

2024년 눈부시게 푸르른 날
김인옥 올림

차례

작가의 말

달큰한 갈치찌개

013 봄마중
017 차를 마시며
021 달큰한 갈치찌개
026 옛날통닭과 생탁 한 병
029 아빠, 사랑해
033 라라의 털모자
037 고희의 신부
041 쉬운 여자
046 동행
050 흐르는 세월 따라
055 사랑도 기술이다

제2부 새봄

새봄　063
쑥국의 추억　068
굽은 등　072
엄마의 유산　076
러닝셔츠를 널며　081
결혼 이야기　085
다시 태어나도　094
입덧　099
첫째의 비애　103
손주 바보　108

제3부

사랑의 향기

- 115 　어느 봄날
- 119 　사랑의 향기
- 123 　별당아씨와 환이
- 127 　용서
- 134 　결승전 풍경
- 138 　이웃사촌
- 142 　선물
- 146 　이웃에 진 빚
- 151 　나는 열애 중
- 156 　고마운 사람들
- 161 　선생님께 올립니다

지렁이 울음소리

지렁이 울음소리　169
확증편향　174
내 핸드폰 어디로　178
그리운 순돌이　182
미래의 에너지　189
취미는 소중해　195
두 마음　200
가시　204
교만　208
아모르 파티　212

발문　216

저녁 메뉴는 단연 갈치찌개. 콩나물은 갈치에 밀려 냉장고로 직행했다.
밥을 안치고 갈치를 손질하는 내내 콧노래가 절로 흘러나왔다.
호박을 깔고 지진 갈치찌개는 믿음이라는 양념이 더해져
그 어느 때보다 달큰하고 맛깔스러웠다.

제1부

달큰한 갈치찌개

- 봄마중
- 차를 마시며
- 달큰한 갈치찌개
- 옛날통닭과 생탁 한 병
- 아빠, 사랑해
- 라라의 털모자
- 고희의 신부
- 쉬운 여자
- 동행
- 흐르는 세월 따라
- 사랑도 기술이다

봄마중

때 아닌 북풍이 불어와 대지를 꽁꽁 얼어붙게 하더니 양지쪽의 햇살이 나날이 두터워지고 있다. 귓전을 스치는 바람은 아직도 매섭지만, 부드러운 봄의 숨결이 옅게 느껴진다. 남쪽으로 밀려났던 봄기운이 새 힘을 얻어 다시 돌아오고 있다.

젊은 시절엔 가을이 좋았다. 몸에 친친 감기는 무더위가 서서히 물러가고 산뜻한 바람이 불어오기 시작하면 그저 기분이 좋아졌다. 억새꽃 언덕도 코스모스 만발한 들판도 햇살 머금은 단풍도 고왔지만, 무엇보다 내 마음을 사로잡은 건 샘물같이 시원하고 까슬까슬한 가을바람이었다. 그 바람 따라 한없이 떠돌고 싶었다.

　나이를 먹고 보니 이젠 봄이 참 좋다. 봄이 오는 기별만으로 벌써 온몸에 생기가 돈다. 시큰둥하고 게을렀던 마음에도 의욕이 솟고, 조금씩 일찍 떠오르는 해님 따라 하루를 일찍 시작하게 된다. 겨울잠을 자듯 칩거하던 자리를 박차고 일어나 봄을 만나러 여기저기 기웃거린다.

　우리 집 인근에서 가장 먼저 봄소식을 전하는 건 통도사의 자장매다. 이 절을 창건한 신라의 승려 자장율사의 큰 뜻을 기리기 위해, 370여 년 전 홍매를 심고 그의 법명을 따서 자장매라 이름 붙였다고 한다. 자장은 불교가 신라 국교로 자리 잡는 데 크게 기여한 승려로 알려져 있다.

　오늘은 통도사로 봄마중을 나선다. 자장매의 봄소식을 듣기 위해서다. 이맘때를 전후해서 빠짐없이 드나드는 나의 연례행사다. 수 년 전에는 섣달 그믐날 꽃망울을 터뜨린 자장매를 보았고, 함박눈 속에 핀 매화를 만난 해도 있었다. 말로만 듣던 설중매를 본 것이다. 고고한 향기를 머금고 가장 먼저 피어나 새봄을 알리는 꽃이기에 언제 봐도 귀하고 아름답지만, 설중매의 고혹적인 자태에 매료당해 넋을 잃었었다.

　얼었던 땅이 풀려서일까, 산문을 들어서니 무풍한송로를 따라 흐르는 영축산 맑은 개울물이 제법 도란도란 봄을 노래하고 있다. 개울 왼쪽은 차도, 오른쪽은 인도인 무풍한송로다. 통도사에 올 때면 언제나 산문 앞에서 차를 내린다. 이 길을 걷기 위해서다. 1.5km 남짓 되는 길 양편에 수령이 수백 년은 됨직한 우람한 적송들이 서로 몸을 기대기도 하고, 보듬기도 하며 뻗어 있다. 2018년 산림청과 유한 킴벌리에서 주최한 아름다운 숲 전국대회에서 대상을 수상한 길답게 언제 보아도 운치 넘친다. 곳곳에 세워진 법문을 음미하며 걷다보면 마음에도 잔잔한 봄바람이 인다.

일주문을 지나 천왕문을 들어서자마자 오른 쪽에 서 있는 두 그루의 나무가 눈에 들어온다. 봄의 화신 매화다. 천왕문에 가려 일조량이 부족한 탓인지 비록 꽃은 몇 송이 되지 않지만, 고목의 검은 색과 매화의 연분홍이 기막힌 조화를 이루어 화려하면서도 품위가 있다. 한 폭의 한국화를 보는 듯하다.

자장매를 보기 위해 몇 발짝 안으로 들어선다. 영각 앞에 환한 햇살을 듬뿍 받고 서 있는 자장매에는 놀랍게도 벌써 수천 개의 진분홍 꽃송이들이 활짝 피어나 있다. 그 화사한 아름다움에 눈이 부시다. 가까이 다가가자 맑은 매화향이 코끝을 스쳤다. 향기를 더 깊이 들이마시고자 바람의 방향을 가늠하여 코를 한껏 벌름거린다. 따스하고 그리운 무엇인가가 온몸에 가득 퍼지는 것 같다.

겨우내 죽은 듯이 서 있던 빈 가지가 어쩌면 저리도 고운 빛깔의 꽃을 피워내는 것일까. 꽁꽁 얼어붙은 겨울 동안 저토록 고운 빛깔과 향기를 준비했구나 생각하면 나무가 예사롭게 보이지 않는다. 더구나 370여 년이나 꽃을 피우고 있지 않은가! 옛 선비들이 셀 수 없이 많은 식물들 가운데 매화를 군자라 칭하고 꽃의 으뜸으로 삼은 까닭을 알 것 같다. 긴 겨울동안 나는 어떠한 빛깔과 향기를 만들었나. 혹독한 인고의 시간을 견뎌내고 화사하게 피어난 자장매 앞에서 게으른 자신을 돌아보며 절로 고개가 숙여진다.

돌아오는 길에 뒤를 돌아보니, 절집 지붕 위로 영축산이 뿌연 아지랑이 속에 숨을 쉬는 듯 들썩이고 있다. 수많은 생명들이 움트고 있음이리라. 머지않아 진달래가 꽃망울을 부풀리며 봄소식을 전하면, 갯버들도 덩달아 비단처럼 부드러운 꽃봉오리를 피워 올릴 것이다. 마을 놀이터에도, 새학기를 맞은 학교 운동장에도 아이들 웃음소리가 끊이지 않고, 어린 잎들이 앞다투어 손을 내밀면, 온 땅에 생명의 기운이 넘치리라. 봄이 온다는 소식만으로도 가슴이 부푼다.

차를 마시며

아침 산책길에서 돌아와 차를 달인다. 친구가 구해 준 철관음을 마시기 위해서다. 가까이 다가온 봄기운에 녹차향이 그리웠지만, 햇녹차를 마시려면 아직 두 달은 더 기다려야 한다. 철관음은 발효가 덜 이루어진 상태라 녹차의 차성을 어느 정도 갖고 있어 봄을 느끼기에 좋다. 다관에서 우려 유리 숙우에 따르니 연한 연둣빛으로 우러난 찻물이 은은하고 곱다. 그리운 녹차 향도 살짝 머물러 있어서 반갑다.

내가 차 맛을 알게 된 건 순전히 친구와 친구 남편 덕분이다. 별채로 되어 있는 그이들의 다실을 무시로 드나들며 차를 맛보

앗다. 때때로 우리 부부를 함께 초대하기도 했는데, 친구 남편의 해박한 지식과 깊은 통찰력, 넘치는 위트로 언제나 즐거웠고 활기가 넘쳤다. 초저녁에 시작한 찻자리를 자정이 가까워서야 털고 일어나도 늘 아쉬움이 남았다. 그런데 코로나19 이후 더 이상 함께 차를 마실 수 없었다. 우리 모두 이미 고령의 고위험군에 속하는 사람들이기 때문이다. 이렇게 혼자 차를 마실 땐 친구의 다실이 몹시 그리워진다. 그중에서도 그날의 따스함은 마음속에 깊이 새겨져 잊히지 않는다.

걸어서 닿을 만한 거리에 속을 다 까뒤집어 보여주어도 부끄럽지 않은 친구가 산다는 건 얼마나 감사한 일인가. 절망에 빠진 나머지 먼지처럼 공중분해가 되어 흔적도 없이 사라지고 싶었던 어느 날, 지친 몸과 마음을 이끌고 친구 집을 찾았다. 친구는 점심 설거지를 하러 부엌으로 가며 나를 별채인 다실로 들여보냈다.

친구의 남편이 찻물을 끓이고 있었다. 과하지 않은 알맞은 채광에 다향이 스민 따스한 온기로 먼 도시에서 방황하다 고향 집에 돌아온 느낌이 들었다. 생차인 녹차는 물론 철관음을 비롯한 반 발효차들과 발효차인 보이차를 맛본 곳도 이 다실에서였다. 그때마다 친구 남편은 팽주를 도맡았는데, 차를 참 맛있게 달였다. 그중에서도 녹차는 그이만큼 맛있게 우려낸 것을 먹어본 적이 없다. 빛깔 고운 연녹색의 차맛은 맑고 향기로웠다. 한 모금 머금고 입안에서 굴리다 삼키면 은은한 차향이 코끝을 스쳤고, 온몸에 차향이 스미는 듯한 착각에 빠졌다. 내 몸과 마음의 때도 씻겨나가는 느낌이 들었다.

다실에 들어선 순간 친구 남편은 한눈에 나의 상태를 파악한 것 같았다. 아무 말 없이 그이가 아끼는 찻사발에 뜨거운 물을 붓고 두 손으로 감싼 채 빙글 돌리며 적절한 온도까지 식기를 기다렸다. 그런 다음 찻숟가락으로 귀한 말차를 떠 넣고 차선으로 저어서 거품을 냈다. 아이스크림 같은 부드러운 거품이 찻사발의 칠 부쯤 올라왔을 때 내게 내밀며 말했다.

"따실 때 드세요."

찻사발은 친구 남편의 마음처럼 따스했다. 차갑게 경직되었던 몸도 마음도 그 온기에 스르르 풀려나갔다. 차는 적당히 따스하고 한없이 부드럽고 고소했다. 왈칵 눈물이 쏟아졌다. 떨려 나오는 울음을 차와 함께 삼키며 한 방울도 남기지 않고 천천히 다 마셨다.

무슨 일이냐고 묻지 않았다. 의례적인 위로의 말도 하지 않았다. 묵묵히 침묵을 지키며 내 아픔에 함께 아파하는 것 같았다. 원인이 누구에게 있고, 그 이유가 무엇이든 전폭적인 지지를 받는 기분이 들었다. 그것은 천 마디의 말보다 더 큰 위로가 되었다.

스쳐 지나가면 그뿐인 인연도 있고, 평생을 두고 가까이하고 싶은 인연도 있다. 내 친구와 그의 남편은 이미 내 맘속에 들어와 있다.

아침 산책길엔 봄이 오고 있다. 동백꽃이 발그레 고운 입을 벌리고, 노란 산수유도 무리지어 피어나고 있다. 쥐똥나무가 가지 끝마다 뾰족이 연둣빛 잎을 내밀었고, 광대풀과 민들레도 벌써 반가운 인사를 건네고 있다. 이 봄과 함께 친구의 다실도 문을 열 수 있을까? 그리운 이가 있다는 것은 봄이 오는 소식만큼이나 설레는 일이다.

달콤한 갈치찌개

'언양권의 민속문화'라는 제목의 강의를 듣기 위해 회관으로 갔다. 주차장에 차들이 빼곡히 들어차 있었다. 골목을 크게 두 바퀴를 돌며 찾아봐도 비집고 들어갈 만한 곳이라곤 없었다. 방청객이 엄청 몰렸나보다 생각했다. 할 수 없이 큰길 건너 강변 주차장에 주차하고 돌아오며 시계를 보니 이미 지각이다. 그런데 이게 웬일인가! 강의는 이틀 전에 있었단다. 내가 요일을 착각한 탓이었다. 타향이지만 고향 같은 언양에 대해 좀 더 알 수 있는 좋은 기회였는데 그만 놓치고 말았다.

"죽으면 늙어야 돼."

무색한 마음을 도치법으로 위장한 농으로 얼버무리며 골목을 돌아 나왔다. 그런데 '공터마다 골목마다 그득한 이 차들은 다 뭐지?' 생각하다가 장날임을 깨달았다.

엎어진 김에 쉬어간다고, 시장 골목으로 들어섰다. 주머니를 뒤져보니 이만 원 남짓이다. 이만하면 됐다. 오늘은 유혹에 넘어가지 말고 진짜 당장 필요한 것만 사자고 단단히 결심했다. 오일장에 올 때마다 싸고 싱싱한 찬거리들에 반해서 이것저것 사다보면, 다 먹지도 못할 재료들로 냉장고가 미어터졌던 적이 한두 번이 아니었다.

먼저 눈에 띈 것은 빨강, 노랑의 색깔 고운 파프리카였다. 어른 주먹만 한 파프리카가 세상에 한 바구니에 오천 원이라니! 이렇게 싸서 농민들은 어떻게 사나 생각하며 얼른 주워 담았다. 선홍색 고운 명란젓도 샀다. 마늘과 땡초를 다져 넣고 참기름 몇 방울 떨어뜨려 밥숟가락 위에 올려 먹을 생각을 하니 벌써 군침이 돌았다. 싱싱한 오이와 젓국 쌈에 그만인 깻잎도 샀다.

남은 돈은 이천 원, 마침 여리여리하고 싱싱한 콩나물이 눈에 들어왔다. 두레박만 한 재배기 통째로 이천 원이란다. '오늘 저녁엔 빨간 고추 고명 올려 맑은 콩나물국 시원하게 끓여먹어야지.' 생각하며 마지막으로 콩나물을 샀다. 재배기는 재활용하시라며 돌려주고 콩나물만 담아왔다. 필요한 것과 돈이 희한하게 딱 맞아떨어졌다며 뿌듯한 마음으로 주차장으로 향했다.

그런데 주차장 입구 리어카에서 갈치가 눈부신 은백색의 자태를 뽐내며 얼음 이불 덮고 누워있을 줄이야! 까만 동공에 하얗고 투명한 흰자위, 흠 하나 없는 매끈한 피부, 부챗살처럼 활짝 펼쳐진 지느러미가 금방이라도 얼음 조각들을 툴툴 털고 용솟음치며 날아오를 것만 같았다.

아뿔싸! 이것부터 먼저 사야 하는 건데 싶었다. 후배 주원 씨가 텃밭에서 둥근호박을 따주던 순간부터 갈치찌개 끓여먹어야지 생각해놓고 그만 까먹었다. 덩치가 제법 커서 냉장고에도 못 들어가고 부엌 한 귀퉁이에 놓인 지가 벌써 며칠 째다. 더 이상 그냥 두었다가는 아까운 호박 썩혀버릴지도 모른다는 생각에 마음이 조급해졌다. 갈치장수 아주머니께 혹시나 하고 조심스레 물었다.

"카드는 안 되지예?"

"이체해 주시면 됩니더."

먼저 온 손님에게 갈치를 쓱쓱 썰어 담아주며 미소 띤 얼굴로 선선하게 대답했다.

"집에 가야 이체해 드릴 수 있는데예."

"예, 그러시면 됩니더."

"예? 어떻게 저를 믿고예?"

"서로 믿고 살아야지요."

마음이 환하게 밝아왔다. 아주머니의 미소가 그렇게 예쁠 수가 없었다. 입장이 바뀌었다면 나는 그러지 못했을 게 확실하다. 그녀에게 나는 장보러 나온 수많은 사람 중의 한 명일 뿐이지 않은가. 그것도 닷새마다 열리는 오일장이니, 스쳐 지나가면 그만인 생면부지의 남이다. 스승을 만난 기분이었다. 사람이 사람을 믿으며 사는 세상, 이게 사람 사는 세상이다 싶었다.

TV 실험실 프로그램에서의 한 장면이 떠올랐다. 행인보다 몇 발짝 앞서 가다가 지갑을 슬쩍 떨어뜨려놓고 행인의 반응을 보는 실험이었다. 열에 열 사람 모두 지갑을 주워들고 뒤쫓아 가서 떨어뜨린 사람의 손에 쥐어주었다. 카페에서 휴대폰이나 노트북을 그대로 두고 예사로 자리를 비우는 모습이 외국인들의 눈엔 경이롭게 보인다지 않는가. 우리 국민의 도덕 수준이 어느 선진국보다 높은 걸 증명하는 것 같아 민족적 자긍심도 뿌듯하게 솟아났다.

"믿어주셔서 감사합니다!"

끝말이 떨려나왔다. 집에 도착하자마자 시장바구니를 던져놓고 이체부터 했다.

저녁 메뉴는 단연 갈치찌개다. 콩나물은 갈치에 밀려 냉장고로 직행했다. 밥을 안치고 갈치를 손질하는 내내 콧노래가 절로 흘러나왔다. 아마도 내 얼굴엔 아주머니를 닮은 미소도 함께 흘렀으리라. 호박을 깔고 지진 갈치찌개는 믿음이라는 양념이 더해져 그 어느 때보다 달큰하고 맛깔스러웠다.

옛날통닭과 생탁 한 병

　남편은 마누라 버는 돈과 자기 월급이 다 자기 것인 줄 알던 사람이다. 굵고 짧게 살 거라며 월화수목금토 굵게 마시며 내 속을 뒤집었다. 마지막 퇴직금까지 탈탈 털리고 와서도 "미안하다." 말 한마디 없었다. 그래놓고 마누라 연금 타겠다, 아들 딸 있겠다 못할 게 뭐냐고 큰소리치며 한 달에 서너 번은 필드에 나간다. 기죽어 사는 걸 보는 것보다야 백번 낫지만 어째 좀 뻔뻔스러운 느낌이다. 그래도 눈곱만큼의 양심은 살아있는지 자기 용돈의 일부는 스스로 벌어 충당하고 있다. 바로 대우버스 전국 탁송 스페어 운전기사다.

운전이 취미인 사람이라 취미 살리고 용돈도 버는 것이니 뭐 일거양득 아닌가. 그래도 내가 보기엔 좀 웃긴다. 아침잠 짙은 사람이 잠을 반 토막 내고 새벽 서너 시에 집을 나서야 하는데다, 차를 탁송하고 집으로 돌아올 땐 대중교통을 몇 번이나 갈아타야 하니, 그게 어디 보통 고생인가.

보수라도 많다면 모르겠지만, 필드에 겨우 한두 번 정도 나갈 돈을 벌기 위해 한 달에 평균 열흘은 그 고생이다. 나 같으면 필드 덜 나가고 편히 살 것 같은데 골프가 어지간히도 재미있는 눈치다. 임시직이긴 하지만, 아직도 현역으로 뛰고 있다는 자부심도 한몫 하는 것 같다.

뭣이 그리 재미있을까 궁금해서 스크린 골프장에 따라가 본 적이 있다. 공이 픽픽 제멋대로 날아가는 게 여간 어렵지 않았다. 재미있는 운동도 천지로 있는데 구태여 왜 이런 까다로운 운동을 좋아하느냐고 물었더니 쉬우면 싱겁단다. 마음대로 안 되니까 재미있는 법이란다.

그래도 머리 허연 사람이 새벽에 일 나서는 걸 보면 마음이 짠하다. 특히 오늘 같이 기온이 영하로 떨어지는 날에는 더욱 그렇다. 돌아올 때까지 마음이 불안하기도 하다.

오늘도 남편은 차를 배당 받아서 집을 나섰다. 서해안 끝에 있는 군산항이라고 했다. 거기에서 중동으로 수출되는 차다.

승합차나 대형버스, 특히 수출하는 차는 아예 속도를 시속 80에서 100km로 제한 장치를 해 놓았다고 하는데, 오늘은 시속 80km 25인승 중형버스라니, 트럭도 앞지르기 할 수 없게 생겼다. 평소 부산 부부 모임 갔다가 돌아올 때면 거나하게 취하신 몸으로 조수석에 앉아서 "밟아라 밟아, 일차선으로, 추월하고." 읊어대는 양반인데 욕을 보게 생겼다.

외출을 하고 돌아오는 길에 옛날통닭 한 마리와 생탁 한 병을 샀다. 시린 새벽에 길 나서던 머리 허옇고 등 굽은 모습이 자꾸만 눈 앞에 어른거렸기 때문이다. 남편은 아무거나 잘 먹는 사람이지만 닭고기에 한해서는 기름에 튀긴 치킨류보다 그릴에 구운 담백한 맛의 통닭을 더 좋아한다.

이리저리 차를 바꿔 타며 돌아오느라 밤 11시가 다 되어 들어온 남편에게 술상을 차려 대령하니, 입이 귀에 걸렸다. 좋아하는 야구 중계 종합편을 보며 닭다리를 뜯는 모습이 아이처럼 행복해 보인다. 나도 덩달아 마음이 즐거워진다. 아무래도 내가 반편인가 보다.

'에이, 뭐 행복이 별거던가.'

내일 당장 돈이 궁해지면 저 웬수 탓이라고 욕을 한 바가지씩 해대겠지만 오늘만큼은 행복하게 잠자리에 들 것 같다.

아빠, 사랑해

"아빠, 사랑해!"

오늘 아침 사십대 초반의 딸이 전화로 제 아버지에게 한 말이다. 딸의 진심이 담뿍 담긴 다정한 목소리였다.

"아빠도 사랑해, 우리 딸!"

남편도 솜사탕 같은 음성으로 화답했다. 따스한 공기가 멀리 떨어진 두 사람을 한 공간 속에 감싸는 것 같았다. 그리 싹싹한 딸은 못되지만 문자로는 자주, 말로는 가끔씩 '엄마, 사랑해'라고 말해준다. 그런데 '아빠, 사랑해'는 참 오랜만에 들어봤다. 아버지와의 사이가 소원해서가 아니라, 엄마보다 덜 편하기 때문이리라. 내게 해준 말도 아닌데 기분이 좋았다. 사실 어제 남편은 충분히 그런 말을 들을 만했다.

어제는 3박 4일의 친정나들이를 끝내고 딸네가 집으로 돌아가는 날이었다. 이른 저녁을 먹고 짐을 꾸려 고속열차 시각에 맞춰 집을 나설 참이었는데, 일기예보에서 도착 때쯤 경기지방에 폭우가 쏟아질 것이라고 했다. 열차에 타는 것까지는 우리가 도와줄 수 있지만, 열차에서 내려서가 문제였다. 폭우 속에 어린 아이 둘을 데리고 짐까지 끌고 택시로 3,40분 거리인 집에까지 갈 일이 아득했다. 험한 날씨 속에 택시를 쉽게 잡을 수 있을는지도 의문이었다. 딸도 머리가 아픈지 타이레놀을 삼켰다.

그때였다. 남편이 외출복을 갈아입고 자동차 열쇠를 들고 나섰다. 아빠가 데려다 줄 테니 어서 예약 차표를 취소하라고 했다. 깜짝 놀랐다. 그렇지만 다른 방도가 없지 않은가. 나는 잽싸게 남편 등을 어루만지며 말했다.

"아이고 영감, 우찌 그리 훌륭한 생각을 다 했소!"

그래도 차마 취소하지 못하고 머뭇거리는 딸을 등 떠밀어 취소시키고, 차편이 생겼으니 딸려 보낼 만한 물건들도 이것저것 챙겼다. 딸과 사위는 한껏 죄송하고 그러나 표나게 밝아진 얼굴로 집을 나섰다.

딸이 늘 승용차를 가지고 오곤 했는데, 이번엔 고속열차로 온 까닭이 있었다. 지난 3월 초, 고속열차를 타고 딸네에 다녀왔었다. 초등학교에 입학한 외손녀가 가방을 메고 등교하는 모습이 보고 싶어서였다. 손녀 등하굣길을 동행하며 며칠을 보내다가 돌아오는 날, 온 식구가 열차역까지 나와 나를 배웅했었다. 그때 본 열차에 네 살배기 손주가 푹 빠져버렸다. 거실 바닥에 장난감 레일을 깔아놓고 몇 달째 손도 대지 못하게 하고 "열차가 들어오고 있습니다." 안내방송까지 흉내내며 기차놀이를 한다고 했다. 성화에 못 이겨 역에 데려간 것도 수차례, 기차가 지나갈 때마다 손 흔들며 두어 시간이나 서 있는단다. 그렇게 좋아하는 기차에 직접 타보는 경험을 시켜주려고 고속열차로 온 것이었다.

길이 뻥 뚫려있다 해도 언양에서 경기도 광주까지 왕복 일곱 시간 거리라, 새벽녘에라야 집에 도착할 수 있다. 아무리 운전하길 좋아하는 사람이라지만 일흔 넘은 영감 등 떠밀어 한밤에 장거리 운전을 하게 한 것이 마음에 걸렸다. 그래서 나도 눈을 붙일 수가 없었다. 지난 번, 핸드폰 잃어버린 직후 서로 깔아놓은 앱으로 남편 차의 동선을 추적하며 자꾸 무거워지는 눈꺼풀을 밀어 올렸다.

남편은 새벽 세 시 가까이 되어서야 집에 도착했다. 딸도 새벽까지 잠을 못 이루고 있다가 아버지가 무사히 도착했음을 전화로 확인했다. 응원의 힘이었을까. 남편은 지친 기색 하나 없이 생생한 모습으로 들어섰다. 그보다는 사랑하는 딸과 사위와 손주들을 자기 손으로 편안하게 데려다 준 보람이 피로를 가시게 하지 않았을까.

충청도를 지날 즈음 비가 내리더니 경기도에 들어서자 천둥번개를 동반한 장대비가 쏟아지고 있었다고 했다. 고속열차를 태워 보냈더라면 어찌 되었을까. 남편이 고맙고 믿음직스러워 두 팔로 안아주었다.

오늘 아침, 딸의 전화를 받고 알게 된 사실이 가슴을 다시 한 번 쓸어내리게 했다. 아버지 떠나고 30분 뒤에 엄청난 집중호우가 쏟아졌단다. 그래서 딸이 사는 아파트 위 언덕이 무너져 아파트 진입로가 토사로 막혔다고 했다. 피곤하실 테니 차 한 잔 드시고 잠시 쉬었다 가시라는 만류를 뿌리치고 바로 출발하길 참 잘했다.

어린아이처럼 밝게 재잘거리는 딸의 목소리를 남편과 함께 들으며 지난밤의 귀로는 편안한 귀가 그 이상이었음을 느꼈다. 자기가 얼마나 사랑받는 딸인가를 확인하는 시간이지 않았을까. 아버지는 딸에게 금으로 매길 수 없는 값진 선물을 주고 온 것 같다. 온종일 '아빠, 사랑해'가 귓바퀴를 맴돌며 기분이 좋다.

라라의 털모자

 여느 부모 마음이 다 그렇듯 아들이 결혼 적령기가 되자 어떤 짝을 만날지가 나의 최대 관심사가 되었다. 몇 개 들어온 중신 중에 꽤나 귀가 솔깃한 혼처도 있었다. 학벌이나 성품은 말할 것도 없고, 집이 부유해서 소위 열쇠 세 개는 문제 없다고 했다. 부잣집에 장가들면 아들 인생이 얼마나 수월할까 욕심이 났다. 그러나 입도 뻥끗 못하고 말았다. "엄마가 그런 사람이었어?" 아들의 목소리가 들려오는 듯했기 때문이다. '돈의 기세에 눌려 사느니 고생스러워도 당당하게 사는 게 백번 낫고말고.' 스스로 자위하며 마음을 접었다.

함께 근무하는 교사 중에 보면 볼수록 사랑스런 처녀선생이 있었다. 사는 형편도 우리와 비슷해서 마음 놓고 아들에게 만나보라 보냈다. 아들은 만나기 시작한 사람이 있다고 했다. 사귄다고 다 결혼하는 것도 아니고, 만나고 있는 사람에 대한 예의도 아니니 좀 있어보라고 했다. 할 말이 없었다. 그러나 은근히 걱정은 되었다. 아들의 눈을 못 믿어서라기보다 청춘의 뜨거운 피가 눈에 콩깍지를 씌우면 어쩌나 하는 노파심에서였다. 사람 하나 잘못 들여 가정의 화목이 깨어지는 경우를 더러 보았다.

그로부터 두 계절이 바뀐 어느 날, 점심을 먹고 있는데 느닷없이 아가씨를 데려왔다. 하얀 블라우스에 무릎까지 오는 연한 꽃무늬 플레어스커트를 받쳐 입은 그녀를 보는 순간 눈이 부셨다. 인연이 되려고 그리 보였을까, 사람에게서 빛이 난다는 느낌을 받았다. 말을 시켜보니 선하고 지혜로워 보였다. 적이 안심이 되었다. 단지 허리가 한줌밖에 안 되는 것이 마음에 걸렸다. 개구리 올챙이 적 생각 못하고 여느 엄마들처럼 종족보존 본능이랄까, 은연중에 튼실한 며느리를 원하고 있었다는 걸 깨닫고 실소했다.

얼마 지나지 않아 둘은 결혼을 했고, 내 우려와는 달리 3년 터울로 두 아이를 순산했다. 이유기엔 도마질 소리가 끊이질 않았다. 요즘같이 편리한 세상에 일주일치 식단표를 작성해서 냉장고에 붙여놓고 이유식을 직접 만들어 먹였다. 손주들이 건강하고 구김살 없이 자라는 모습을 지켜보며 세상 부러울 게 없었다.

그 무렵 고혈압 진단을 받았다. 늙는다는 것이 실감났다. 이제부터 시작이구나. 앞으로 병원 출입이 점점 잦아질 것이고 이런저런 약봉지를 달고 살겠구나 생각하니 몹시 우울했다. 그렇게 우울한 나날을 보내고 있을 무렵, 며느리가 왔다. 손에는 닥터 지바고의 연인 라라가 썼던 것 같은 짙은 갈색의 밍크 모자를 들고 있었다.

"어머니, 추운 날 외출하실 땐 꼭 이 모자를 쓰고 나가셔요."

눈가가 촉촉이 젖어왔다. 며느리도 덩달아 눈물을 글썽였다. 우리는 잠시 마주 바라보다가 부둥켜안았다. 우울했던 마음이 구름 걷히듯 말끔히 사라졌다. 나의 건강을 염려하고 내 마음을 알아주는 사람이 있다는 사실이 커다란 위로가 되었다.

털모자를 써도 부끄럽지 않을 만큼 추운 어느 날, 라라의 털모자를 쓰고 거울 앞에 섰다. 엷은 화장도 했다. 모자에 파묻힌 주름 자글자글한 얼굴이 웃고 있었다. "어머니, 예뻐요!" 며느리의 말을 상상으로 들으며 용기를 내어 길을 나섰다.

사람들이 나만 쳐다보면 어쩌나 걱정했는데 완전한 기우였다. 그저 바삐 제 갈 길을 갈 뿐이었다. 너무 흥감스러워 보이진 않는 것 같아 적이 안심이 되었다. 털모자는 며느리의 따뜻한 마음이 더해져 한겨울의 추위를 가볍게 날려주었다.

　시어머니 심술은 하늘이 낸다는 말이 있다. 내게도 왜 그런 고약한 심보가 없겠는가. 시어미의 눈으로 보면 한두 가지 흠이 없는 것도 아니다. 그런데도 며느리가 밉지 않다. 남의 아픔에 공감하고 배려할 줄 아는 따뜻한 마음을 지닌 사람이기 때문일 것이다. 거기에다 좋은 음식 솜씨로 십 년이 넘도록 한 번도 거르지 않고 시부모 생일상을 제 손으로 차리고, 손주들 슬기롭게 건사하는 며느리가 기특하고 예쁘다. 여기에 무엇을 더 바라겠는가. 오순도순 사는 모습 지켜보며 그저 감사한 마음으로 살 일이다.

고희의 신부

놀라운 소식이 날아들었다. 평생 독신으로 살아가던 여고 동창 B가 결혼을 했단다. 고희의 나이에 새 삶을 선택하다니 얼마나 멋진 일인가! 그녀의 용기에 손뼉을 치며 환호했다. 그러나 마음 한편엔 근심이 일었다. 상대는 몸과 마음이 건강할까. 친구를 진심으로 아끼는 사람일까. B를 만나 얘기를 들어봐야겠기에 마음이 급해졌다.

그녀는 여고를 졸업한 후에도 계속 만남을 이어가던 네 명의 친구 중 한 명이었다. '결혼은 필수, 연애는 선택'이던 시절을 살았던 우리에게 결혼이란 당연지사였기에 소정의 축의금을 만들어 서로 축하해 주었다. 세월이 흐르는 사이, 짝을 찾은 친구들이 삶의 터전을 따라 서울로 타지로 뿔뿔이 흩어졌고, 마지막 B만 남겨둔 채 모임은 흐지부지 되고 말았다. 그런데 B가 결혼을 했다니, 마음 한 구석에 찜찜하게 남아있던 부채감에서 해방될 기회가 온 것이기도 했다.

친구들과 만나기로 한 전날 밤엔 마음이 설레어 잠까지 설쳤다. 실로 수십 년 만의 해후라 세월의 두께만큼 변해버려 못 알아보면 어쩌나 염려스럽기도 했다. 그러나 멀리서 걸어오는 걸음걸이만으로도 한눈에 알아보고 대합실이 떠나가라 서로의 이름을 소리쳐 불렀다.

"우와, 니는 그대로네!"

"니도 하나도 안 변했다!"

옆에서 누가 들으면 웃을 일이었지만, 진짜 우리의 진심이었다. 주름진 얼굴 속에 어릴 적 모습을 간직하고 있는 것이 반갑고 신기한 나머지 '그대로'라는 말이 저절로 튀어나왔던 것이다. 새색시가 된 B에게만 유독 세월이 비껴간 듯 20년은 더 젊어보였다.

한 차례 소동이 진정되자 B가 두어 걸음 뒤로 물러나 있던 새신랑을 소개했다. 칠십대 중반이라고는 믿어지지 않을 만큼 반듯하고 단단한 체격에, 몸에 밴 예절이 편안하고 자연스러운 사람이었다. 몇 마디 수인사가 오고 간 후, 양과자 한 상자를 친구의 손에 들려주며 그가 말했다.

"잘 놀고 와!"

친구 B가 순하게 고개를 끄덕였다. 그 순간 서로 주고받는 눈빛이 애틋하고 따뜻했다. 막연했던 근심이 스르르 녹아내렸다.

서울 친구가 새벽부터 서둘러 온 덕분에 이른 점심을 해결한 우리는 바다가 보이는 해안가 찻집에서 마주 앉았다. 미리 준비해 간 축의금부터 전하고 수십 년 세월의 이야기 보따리를 풀기 시작했다. 함께한 옛 추억부터 시작해서 각자 살아온 이야기가 넘쳐 숨이 턱에 찼다.

그녀가 유복한 가정에서 태어나 부족함 없이 산 줄만 알았는데 그게 아니었다. 대학 졸업 후엔 가계를 책임져야만 했단다. 좀 더 나은 직장을 구하기 위해 서울로 지방으로 떠돌았으며 중동까지 다녀왔단다. 자연히 사람을 사귈 겨를도, 결혼을 생각할 정신적 여유도 없이 나이를 먹고 말았다. 생활이 안정되었을 즈음엔 이미 젊음이 지나가버린 뒤였다.

모시고 살던 어머니가 돌아가시고, 의지가 되어주던 언니마저 지병으로 세상을 떠나자 홀로 남은 그녀는 눈앞이 캄캄해졌다. 무엇보다 외로움이 가슴에 사무쳤다. 오랜 격무에 마음의 상처가 덮친 탓일까. 덜컥 암에 걸리고 말았다.

깊은 절망에 빠져있을 때 손 내밀어 준 이가 바로 새신랑이 된 남편이었다. 그는 먼저 하늘나라로 간 오빠의 어릴 적 친구였는데, 오래 전에 상처를 하고 혼자 살고 있었다. B는 아기 돌보듯 보살펴주는 그에게 기대어 힘겨운 치료를 견뎌내고 건강을 되찾은 다음 결혼을 했다. 그와 함께 심성 고운 아들과 딸에 귀여운 손자까지 얻었다. 그녀는 자신에게 사랑스런 가족이 생긴 것이 무엇보다 기쁘다고 했다. 우리는 친구가 착하게 살아서 하늘이 복을 내린 거라며 진심으로 기뻐했다. 늦게 만난 만큼 오래오래 식지 않는 사랑이길 빌며 그들의 앞날을 축복했다.

우리들의 이야기는 끝이 없었지만, 먼길 돌아가야 할 친구가 있어 해가 서쪽으로 기울 무렵, 자리를 털고 일어섰다. 태양도 황금빛 제 그림자를 미련처럼 길게 바다 위에 드리우고 있었다. 역으로 간 우리들은 다시 만날 것을 약속하며 헤어졌다.

아쉬운 작별을 했지만, 집으로 돌아오는 발걸음은 가벼웠다. 친구가 늦게나마 든든한 반려자를 만난 것이 흐뭇했다. 주위에 독신주의자들이 늘어나고 있다. 나이 들어 부모 형제 여의고 육신마저 병이 든다면 그 고독감을 어찌 감당할까. 마음 맞는 짝을 만나 서로 등 기대고 살아가길 바라는 마음 가득하다.

쉬운 여자

정월 대보름날이었다. 점심도 먹기 전에 나간 남편이 달이 떠오를 시각이 다 됐는데도 기척이 없었다. '달마중 가고 싶다, 달집 보고 싶다' 노래를 불렀건만, 여느 때와 다름없이 밤이 이슥해서야 돌아올 모양이었다. 새해 첫날 우리도 해맞이 가자고 하면 "내일도 똑 같은 해 뜬다." 라고 하는 사람이라 설마 하면서도 하마 올까 기다렸던 내가 미련퉁이였다.

혼자서라도 달마중 가려고 외투를 걸치는데 어디선가 뻥뻥 터지는 소리가 들려왔다. 깜짝 놀라 창밖을 내다보니 시장 공터에서 불꽃놀이가 한창이었다. 어스름 하늘에 화려한 빛 조각

들이 무수히 흩뿌려지고 있었다. 환상적인 광경에 눈을 뗄 수가 없었다. 그 아래에서선 달집도 훨훨 타오르고 있었다. 달이 떠오른 모양이었다. 코로나로 인해 중단되었다가 실로 몇 년 만에 재개된 대보름 행사였다.

부리나케 현관문을 나서는데 이미 달맞이를 마친 듯 많은 사람들이 아파트 입구로 들어서고 있었다. 손에 손을 잡은 가족들, 다정하게 팔짱을 낀 부부들이 몹시 부러웠다. 고개를 들어 보니 달은 한 뼘이나 떠올라 있었다. 둥실 떠오르는 순간을 놓친 것이 너무 서운했다. 혼자 걷는 초라한 모습을 지인들에게 들킬까 두려워 타오르는 달집을 등지고 으슥한 강변길을 쓸쓸히 걸었다.

'사기를 당하고 와도 당신은 죄 없다, 마음이 착한 탓이라고 위로해 주고 돈까지 갚아준 게 누군데.'

'해장국 끓여 대령한 것만 해도 수천 그릇이 넘겠네.'

'멍게, 해삼, 말미잘······.'

호랑이 담배 피던 시절까지 들추어가며 한바탕 씩씩거리고 나니 반분이나마 풀렸다.

달빛을 가로등 삼으며 얼마쯤 걸었을까. 달이 길 건너편 작은 봉우리에 가려져 보이지 않았다. '옳거니!' 나는 무릎을 쳤다. 걸음을 빨리해서 조금 더 걸어가자 달이 배시시 얼굴을 내밀었다. 가던 걸음을 멈추고 떠오르는 달을 보며 나 혼자 달맞이 행사를 거룩하게 치렀다.

"달님, 우리 가족 올 한 해도 무탈하게 하옵시고, 저 혼자 잘 노는 단 한 사람은 괘념치 마옵시고……."

우리 집 통금시각 12시에 까딱까딱하게 들어오는 사람이 그날은 어쩐 일인지 한 시간이나 빨리 귀가했다. 술 냄새 풍기며 "미안해."라고 했지만, 쌀쌀맞게 돌아서서 내 방으로 들어와 버렸다.

이튿날은 내 생일이었다. 아침부터 그릇 부딪히는 소리가 들렸다. 방문을 빼꼼 열고 내다보니 남편의 큰 덩치가 부엌에서 어슬렁거리고 있었다. 아침을 준비하는 모양새였다. 마누라 생일이 오는지 가는지도 모르던 사람이 생일상을 다 차리다니 심히 놀라웠다. 더구나 술을 마신 다음 날은 해가 중천에 떠올라야 겨우 일어나는 사람이 아닌가. 그러나 침대로 살금살금 돌아가 자는 척 꼼짝 않고 누워버렸다. '암만 그래봤자 내가 돌아서나 봐라. 기차는 이미 떠났네요.' 마음속으로 콧방귀를 뀌었다.

사실, 며느리가 제 생일상을 톡으로 보내 준 것을 본 이후, 나도 미역국 좀 먹여달라고 귀에 딱지가 앉도록 조르긴 했었다. 아들이 차린 며느리 생일상에는 미역국에 전과 나물과 조기구이까지 제대로 갖춰져 있었다. 다음 생일에는 갈비찜을 해 주겠다고 약속했단다. 출근 시각이 이른 아들이 새벽에 일어나 며느리 잠 깨울까 가만가만 음식을 장만했을 걸 생각하니, 그릇그릇 소복이 담긴 건 그냥 음식이 아니라 아내에 대한 깊은 사랑으로 보였다. 나도 사랑 받는 아내이고 싶어 몇 년을 두고 졸랐지만, 뉘 집 개가 짖나보다며 까딱도 않길래 거의 포기하고 있었다. 그런데 이게 뭔 일인가 싶었다.

압력솥에 김 빠지는 소리가 들리더니 밥 먹자며 나오란다. 뭘 어떻게 차렸나 궁금해서 못이기는 척 나가보았다. 식탁 위에는 놀랍게도 국그릇에 푸짐하게 담긴 미역국이 김을 모락모락 피워 올리고 있었다. 한 숟가락 떠서 맛을 보니 깊은 국물 맛이 예사롭지 않았다. 생애 첫 솜씨가 이렇게 맛있다니 놀랍기만 했다.

"생일 축하한다. 마이 무라. 미역국 끓일 자신이 없어서 물어 물어 제일 맛있다고 소문난 집에 가서 사왔다."

비록 있는 반찬에 국 데우고 밥만 한 그릇 한 것이 다였지만 이게 어딘가! 더구나 '물어물어 맛있는 미역국 집을 찾아 사갖고 온' 정성이 나를 감동시켰다. 밥도 촉촉하게 잘 지어졌다. 나도 모르게 입꼬리가 올라가며 피식 웃음을 흘리고 말았다. 그 순간을 잽싸게 훔쳐본 남편의 입꼬리도 귀에 가 붙었다. 아차! 적어도 일주일은 삐져 있으려고 했는데 그만 물거품이 되고 말았다.

나는 왜 이리도 쉬운 여자인가. 한심스럽다. 매번 이 모양 이 꼴이니 아무리 화를 내봐도 눈썹 하나 까딱하지 않는 게 아닌가. 남편의 작은 제스처 하나에, 립 서비스 한마디에 헤벌쭉해져서 평생 조종당하며 살아온 것만 같다. 분하다!

"불고기에 생선조림에 나물도 일곱 가지나 해서 보름 밥상 차려줬는데 달맞이도 같이 안 가주고……."

눈 흘기며 쫑알거렸다.

이럴 땐 "미안하다. 내년엔 꼭 같이 갈게." 이렇게 말해줘야 하지 않겠는가. 그런데 내 남편은 절대 그런 약속 같은 걸 하는 사람이 아니다. 이유는 들어보나마나 뻔하다. 내년엔 어떤 일이 생길지 모르기 때문이라고 할 것이 틀림없다. 뒤집어 해석하면 술자리나 놀 자리를 절대 포기하지 않겠다는 심보다. 나는 심심풀이 땅콩일 뿐이다. 대신에 하는 십팔번이 있다.

"다음 생에는 내가 니 색시로 태어나서 억수로 잘해 줄게."

공수표 남발이다. 이런 사람인데 생일상이 어딘가. 오래 살고 볼 일이다.

동행

바다가 그리울 때가 있다. 오늘도 해거름이 다 되어 느닷없이 바다가 보고 싶었다. 남편에게 태워달라고 부탁해 보기로 했다. 이럴 때는 말을 조심스레 꺼내야 한다.

신혼 시절, 폭풍우가 몹시 심하게 부는 어느 날이었다. 포효하는 바다와 높이 치솟는 물보라가 보고 싶어서 남편에게 "바다 보러 갑시다!" 했다가 말 떨어지기 무섭게 모진 말을 들었다.

"이기이 미쳤나!"

악천후에 바다라니 그런 소리 들어도 싸다. 그렇다 하더라도 그 우악스런 표현에 할 말을 잃고 혼자 서러웠던 적이 있었다.

그날을 거울삼아 오늘은 목소리 톤을 한껏 높여서 코맹맹이 소리로 물었다.

"바닷가에 가서 회 한 접시에 소주 한 잔 어때요?"

그는 순순히 고개를 끄덕여 주었다. 혹여 그의 마음이 변할세라 잽싸게 조수석에 올라앉았다.

우리가 도착한 곳은 간절곶이었다. 해안가로 향하지 않고 언덕으로 바로 올랐기에 바위섬에 부딪혀 하얗게 부서지는 물보라는 볼 수 없었지만, 동해의 푸른 바다를 바라보는 것만으로도 가슴이 탁 트였다. 끝없이 밀려오는 파도에 실려 수많은 추억들이 밀려왔다 멀어져갔다.

튜브를 타고 입술이 파래지도록 동동 떠다녔던 유년시절의 물놀이, 여고시절의 바닷가 캠핑, 강의가 빌 때면 달려와서 친구와 거닐었던 백사장과 남편이 된 남자와의 데이트…….

아련한 추억에 젖어 시간 가는 줄 몰랐는데, 서녘으로 기울던 해가 찬란한 빛을 사방으로 뿌리며 바다 저편으로 서서히 가라앉고 있었다. 하늘과 바다가 하나 되어 붉게 물드는 광경은 가슴 떨리는 장관이었다.

시시각각 변하는 색의 조화에 넋을 잃고 섰는데 목석같은 남편의 발길이 어느새 주차장으로 향하고 있었다. 시계를 보니 한 시간이 후딱 흘렀다. 그의 선심은 딱 거기까지였다. 우뚝 솟은 하얀 간절곶 등대가 어떻게 바닷길을 비추는지 보지 못해 못내 아쉬웠다.

주차장을 벗어나며 보니, 그새 깜깜해진 바다를 배경으로 해변의 불빛들이 보석처럼 반짝였다. 횟집이라도 빨리 눈에 들어오면 그 핑계로 바다의 밤풍경을 보련만, 유감스럽게도 횟집 간판보다 고속도로 입구가 먼저 나타났다. 스치며 바라본 것만으로 만족하고 마음을 접어야 했다. 남편은 밤바다를 뒤로 하고 가속 페달에 힘을 실었다.

집에 도착하자 얼른 막걸리에 삼겹살부터 구웠다. 꿩 대신 닭이다. 사실은 '회 한 접시에 소주 한 잔'이라는 말에 그가 속아주는 척했을 뿐임을 어찌 모르랴. 운전대를 잡아야 하니 술을 마실 수 없고, 소주 없는 회를 애주가인 그가 먹을 리 만무했다. 여차하면 귀가 길에서는 내가 운전할 각오였지만, 낯선 밤길이라 운전대를 넘길 생각이 아예 처음부터 없었을 것이 분명했다.

젊은 시절엔 서로를 이해하지 못해 많이도 싸웠다. 이제는 말하지 않아도 그 속을 다 읽어낼 수 있으니 다툴 일이 사라졌다. 서로의 늙어가는 모습에 측은지심이 일어 웬만하면 한 걸음 물러서 주는 덕분이기도 하다. 격렬하게 싸워야 뜨거운 화해도 있다지만, 나는 지금의 평화가 좋다. 그래도 가끔씩 잔소리 들을 일을 하는 그에게 한소리 할 때가 있다.

"술은 기분 좋을 만큼만 마시고……."

시작할라치면 어느새 연막이다.

"한 번만 안 그럴게, 다시는 용서해 줘."

이건 맨날 용서하라는 뜻이 아닌가. 도치법을 쓴 말도 안 되는 능청스러운 애교에 넘어가 눈을 흘기며 꿀물 한 사발 타 건네주는 수밖에 없다. 그러는 내게 잽싸게 한 마디 더 보탠다.

"우리 이뿐이 최고!"

늙어도 여자이고 싶은지 입에 발린 소린 줄 뻔히 알면서도 싫지가 않다.

오늘처럼 가고 싶은 곳 데려다주어 고맙고, 밥 같이 먹어주어 좋고, 홀로 잠들게 하지 않으니 든든하다. 그저 오래오래 곁에 있어주길 바랄 뿐이다.

흐르는 세월 따라

내겐 50년지기 친구 모임이 있다. 대학 동기이면서 첫 직장 동료였던 이들이다. 다분히 감정적이고 진득하지 못한 나를 오랜 세월 친구로 삼아준 참 무던하고 고마운 벗들이다. 오랜만에 만나도 어제 본 듯 편안하다. 여자 넷으로 시작했는데 어쩌다가 부부모임이 되었고, 이젠 남편들 모임에 우리가 끼어든 것처럼 남편들이 더 적극적이다.

한 친구로부터 전화가 왔다. 거제에 있는 리조트에 1박 숙박권과 조식권이 있으니 함께 가자고 했다. 필요한 모든 걸 다 준비할 테니 먹는 약이나 잘 챙겨서 아침 일찍 오란다. 이 나이에 무슨 새벽잠까지 설쳐가며 놀러 가느냐고 했더니, 일정을 아주 멋있게 짜 놓았으니 늦어도 여덟 시에는 출발해야 한단다.

오랜만의 여행에 마음이 설레서일까. 늦잠꾸러기 우리 부부는 알람이 울리기도 전 첫새벽에 저절로 눈이 떨어져 여유 있게 출발했다.

여덟 시 조금 못미처 도착해보니, 평상에 부려놓는 짐이 웬만한 자취생 이삿짐 수준이었다. 그런데도 친구는 우리와 눈맞출 겨를도 없이 아래 위층으로 뛰어다니며 나머지 짐 내리느라 바빴다. 새로 장만했다는 대형 아이스박스에는 술과 음료수를 비롯한 온갖 먹을거리로 가득 차 있었다. 거피한 팥고물을 두툼하게 입힌 찰떡에다, 두 개의 찬합에 가지런히 썰어 담은 수박과 여덟 개의 김밥 도시락까지, 혼자서 다 준비한 것이었다. 친구는 도대체 몇 시에 일어났을까? 나는 상상조차 못할 일이었다. 통 큰 베풂과 수고 앞에 고마운 마음 가득했고, 불편하게 느껴지는 못난 자존심도 마음 언저리를 잠깐 스치고 지나갔다.

친구의 승합차에 올라탄 우리들은 곧바로 통영으로 날았다. 날씨는 쾌청했고, 도로는 잘 뚫려 시원했다. 떠난다는 것만으로도 마음이 풍선처럼 부풀어 실없는 소리를 끊임없이 주고받으며 킥킥거렸다. 두 시간여 만에 통영시에 도착한 승합차는 그 유명한 관광지와 문학관을 다 뒤로 한 채 통영 여객선 터미널로 직행했다. 친구가 말한 멋진 일정, 바로 욕지도 모노레일을 타기 위해서였다.

배에 오른 남편들은 갑판 쪽으로 향하고 우리는 전기장판이 깔린 선실로 들어갔다. '아구구 좋다'를 연발하며 약속이라도 한 듯 모두 바닥에 벌렁 드러누웠다. 불과 몇 년 전 욕지도에 놀러 갔을 때만 해도 갑판에서 내려올 줄 모르고 바닷바람에 머리칼을 날리던 친구들이었다.

욕지도 선착장과 모노레일 탑승장은 차로 십 분 거리에 있었다. 전동차는 모노레일을 타고 마치 곡예라도 부리듯 하늘로 치솟았다가 땅 속으로 꺼질 듯 내리꽂히기를 반복했다. 내리막길을 달릴 때보다 오르막길을 오를 때가 더 무서웠다. 거꾸로 처박힐 것만 같았다. 놀이동산의 바이킹을 탔을 때도 뒤로 올라갈 때 머리끝이 더 쭈뼛 서지 않던가. 우리는 탄성과 엄마야를 번갈아 지르며 호들갑을 떨었다.

정상엔 전망대가 있었다. 사방이 훤히 틔어서 가슴마저 시원했다. 멀리 가까이 떠있는 섬들이 이웃처럼 정다웠다. 다도해의 섬은 외롭지 않아서 좋다. 엄마의 무릎에 기어오르려는 아기처럼, 아기를 쓰다듬는 엄마의 손길처럼 파도는 흰 포말이 되어 섬 기슭을 어루만지고 있었다. 눈 아래로는 초록의 숲과

붉은 흙과 물감을 풀어놓은 듯 파란 바다와 하얗게 부서지는 파도의 원색 대비가 인상파 화가의 그림을 보는 듯 매혹적이었다.

전동차가 지나온 길을 내려다보니 아기자기하게 굽어 도는 예쁜 길이 그저 조금 경사가 져 보일 뿐이었다. 우리의 인생길도 그러한 것 같다. 이마에 흐르는 땀을 닦을 겨를도 없이 골짜기와 등성이를 숨가쁘게 넘나들었던 세월도 돌아보면 그립고 소중한 추억이지 않은가.

탑승장을 벗어나 주차장으로 걸어 내려오며 일행 중 누군가가 말했다.

"이거 재밌네. 인자부터 우리 이런 거 타고 놀자."

"이 담엔 삼척 레일바이크 어때?"

"좋아, 찬성!"

웃음이 터져 나왔다. 누가 이들을 나이 오십에 무거운 배낭을 메고 고당봉에서 천왕봉까지 지리산 종주를 했으며, 뉴질랜드 밀포드사운드 트레킹을 하고, 해발 삼천칠백여 미터의 쿡산에 올랐던 사람이라고 할 것인가. 누가 이들을 나이 육십에 이박 삼일 백두산 트레킹을 하고, 융프라우요흐 삼천사백여 미터 전망대에서 장장 여덟 시간을 걸어 하산했으며, 히말라야 삼천구백여 미터까지 등반한 사람들이라고 할 것인가. 세월 앞에 장사 없다더니 한달음에 올랐을 기껏 삼백오십여 미터의 천왕산을 모노레일로 돌아 내려오며 희희낙락이다. 하기야 모두 고희에 들었으니 상노인이지. 모노레일을 탈 수 있는 것만으로도 감사해야 하나.

 욕지의 그림 같은 해안 경치를 내려다보며 떡과 수박으로 점심 요기를 한 우리들은 숙소인 거제도에 가기 위해 다시 통영으로 가는 배를 탔다. 돌아오는 배 역시 드러누울 선실을 찾는 친구들을 따라 들어갔다가 이건 한려해상국립공원에 대한 예의가 아니다 싶어서 살짝 빠져나와 선실 벽에 기대섰다.

 먼 수평선에서 굽이굽이 달려온 파도는 뱃전에 부딪혔다 멀리멀리 사라져갔다. 세월 또한 유구한 시간 속에 파도처럼 왔다가 또 그렇게 흘러갈 것이다. 우리의 남은 날들은 얼마만큼일까. 매 순간이 소중한데 기우는 해는 속절없이 빨리 저문다. 인생은 유한하기에 아름다운 것일까.

사랑도 기술이다
에리히 프롬의 '사랑의 기술'을 읽고

"내가 너희를 사랑한 것처럼 너희도 서로 사랑하여라."

오늘의 복음 말씀이다. 신부님은 이 말씀이 가장 강론하기 거북한 주제라고 했다. 말로 설명하기는 쉬워도 신부님조차 실천이 어렵다는 의미일 것이다. 신부님의 강론 요지는 사랑은 감정이 아니라 기술이므로 사랑의 기술을 부지런히 연마해서 실천해야 한다는 것이었다. 의미 전달이 부족하다고 여기셨는지 부연 설명이 이어졌다.

"사람의 감정은 뻘밭 같아서 작은 자극에도 쉽게 출렁이는데, 성숙한 사랑은 그렇게 쉽게 변하는 것이 아니다. 오랜 병석에 누운 사람과 그 사람을 간호하는 배우자를 예로 들어보자. 배우자는 때때로 지치고 힘들어 간호하기 버거울 것이다. 그래도 참고 병수발을 든다면 바로 이것이 사랑이며 사랑의 기술이다."

신부님의 강론을 들으면서 청춘 시절에 읽었던 에리히 프롬의 『사랑의 기술』이 떠올랐다. 요약하자면, '사랑의 기저는 감정이 아니라 이성이다. 사랑은 받는 것이 아니라 주는 것이다. 또, 획득으로 완성되는 것이 아니므로 이성적으로 꾸준히 가꾸고 지켜나가야 한다. 그러므로 기술을 배우듯 사랑의 기술을 배우고 익혀서 이성적, 능동적으로 실천하는 성숙한 사랑을 하라.'는 것이다.

그때는 사랑이 기술이라는 말이 쉽게 이해되지 않았다. 사랑은 어느 날 갑자기 찾아오는 것, 이유 없이 가슴을 뛰게 하는 감정, 인간의 힘으로 어찌지 못하는 불가항력 같은 것이라 여기고 있었기 때문이다. 기술로 만들어내는 인공은 사랑의 모조품 같았다. 표현도 어려워 건성으로 읽었다. 그런데 오늘 신부님 강론이 사랑에 대해 다시 생각해보는 계기가 되었다. 만약 사랑이 이성과는 상관없이 저절로 스며드는 순수 감정의 작용이라면 '사랑하라'는 말 자체에 어폐가 있는 것 아닌가.『사랑의 기술』을 다시 읽어보았다.

우리가 즐겨 부르는 노래도, 드라마나 문학작품들도 대부분

사랑을 주제로 하고 있다. 사랑이 이토록 우리의 마음을 사로잡는 이유는 뭘까? 쇼펜하우어에 의하면 연인 간의 사랑이든 자식을 향한 사랑이든, 종을 보존하기 위해 자연이 심어놓은 본능적인 장치라는 것이다.

프롬의 견해는 조금 다르다. 본능과 함께 이성의 작용도 관여한다고 본다. 인간은 다른 동물과 달리 본능의 힘이 약해지고 생각하는 능력인 이성을 갖게 되면서 자신의 삶도 본능보다는 이성에 따라 선택하게 되었다. 선택의 자유에는 숙명적으로 분리불안이 따르는데, 이를 극복할 수 있는 유일한 방법이 사랑이다. 그래서 사랑을 갈구하게 된다는 것이다.

그런데 선택의 자유로 사랑의 형태가 다양해지면서 병적인 경향을 띠기도 한다. 자본주의가 지배하는 현대에 이르러서는 우정도, 연인과의 사랑도, 결혼까지도 교환이며 이익을 위한 동맹으로 전락했다. 이런 사랑은 개인은 물론 사회를 병들게 한다. 그러므로 건강한 사랑을 위해 끊임없는 노력과 훈련이 필요하다고 주장한다.

그는 사랑의 기술을 연마하기 위한 훈련법을 이 책에 제시해 놓았는데, 동양의 심신수련법인 명상을 내세우고 있다는 점이 흥미로웠다. 프롬은 실제로 오랜 세월 아침과 자기 전에 참선을 했다고 한다. 들숨과 날숨에 마음을 모으다 보면 평정심과 충만함이 마음에 깃들게 된다. 이로 인해 정신을 집중할 수 있는 힘이 생기고 이는 자기 성찰로 이어진다. 자기 성찰을 통해 내면이 깨어있을 때 진정한 사랑이 가능해진다.

이렇게 자신을 닦은 후에 자기도취적인 나르시시즘과 소유 지향적인 이기주의 극복하기, 자기 자신 사랑하기, 자신과 타인에 대한 믿음 가지기, 겸손과 객관성 갖기 등, 사랑의 기술을 연마할 것을 권하고 있다. 그런데 무엇보다 중요한 것은 깊은 관심을 가지고 정신을 집중해서 꾸준히 훈련하는 것이라고 한다.

에리히 프롬에 의하면 사람은 원래 사랑을 받는 것보다 주는데서 더 큰 기쁨을 맛보는 존재이다. 언뜻 사랑 받을 때가 더 기쁠 것 같은데 돌이켜보니 줄 때 더 큰 기쁨을 느꼈던 것 같다. 역으로 생각해 보면 더 명백해진다. 만약 사랑하는 사람에게 아무 것도 줄 것이 없다면 그 심정이 어떨까? 아마 심한 무력감과 좌절감을 느끼게 될 것이다. 남녀 간의 사랑뿐만 아니라 모든 사랑이 다 그렇지 않겠는가.

나는 둘째를 낳고 그런 경험을 했다. 갓난아기는 한사코 엄마 가슴만 파고드는데 극심한 입덧으로 몸이 허약해진 내 몸은 젖 한 방울 만들지 못했다. 나는 그때 심한 무력감으로 몹시 고통스러웠다.

에리히 프롬은 또 인간의 욕망 중에 헌신할 대상을 향한 욕망이 있다고 한다. 이는 나의 헌신이 상대방의 건강한 성장과 행복에 도움이 될 때 충족되며 이때 최고의 행복을 느낀다.

이런 사랑은 상대방의 마음에도 사랑을 불러 일으켜 역으로 내가 상대방의 헌신할 대상이 된다. 이렇게 서로 도움을 주고 받으면서 성장하는 과정 속에 사랑은 더욱 깊어져 최고의 행복에 이르게 된다. 사랑은 이렇게 행복으로 인도하는 통로다. 곧 사랑의 기술을 연마하여 이성적, 능동적으로 꾸준히 실천하면 건강하고 성숙한 사랑을 얻게 되고, 이 사랑은 우리 삶의 궁극 목표인 행복에 이르게 한다는 것이다.

젊은 시절엔 우리 사랑 영원히 변치 말자며 새끼손가락을 걸었다. 그러나 그것이 그리 오래 지속되지 않았음을 흔히 보고 경험했다. 에리히 프롬에 의한다면 그때 우리는 잠시 감정에 이끌렸을 뿐 사랑이라는 걸 하지 않았기 때문이다.

이 책을 읽고 나니 사랑은 일시적인 감정이 아니라 끊임없이 연마해야 하는 기술이라는 프롬의 말에 수긍이 갔다. 원하는 것을 얻으려면 그에 합당한 노력을 기울여야 한다. 더구나 그것이 우리 삶을 통틀어 가장 소중한 가치인 사랑이고 행복이라면 어떤 수고로움도 기꺼이 감내해야 하지 않을까. 에리히 프롬의『사랑의 기술』은 참사랑에 대해 진지하게 생각해보는 계기를 만들어 주었다.

올봄에도 햇볕이 더 도타와지면 밭을 갈고
퇴비를 넣은 다음 온갖 채소들을 심을 것이다.
그러면 햇빛과 바람과 이슬과 비는 내 노력의 백배도
넘게 수확의 기쁨을 안겨 줄 것이다.

제2부

새봄

- 새봄
- 쑥국의 추억
- 굽은 등
- 엄마의 유산
- 러닝셔츠를 널며
- 결혼 이야기
- 다시 태어나도
- 입덧
- 첫째의 비애
- 손주 바보

새봄

창으로 들어온 3월의 햇살이 하도 따사로와 뜰에 나섰다. 아직도 응달진 곳엔 잔설이 남아 코끝을 스치는 바람이 싸하지만, 천지는 생명의 기운으로 가득하다. 연 이틀 때늦은 눈가루를 뿌리며 잔뜩 흐려 있던 하늘은 언제 그랬냐는 듯 시리도록 푸르고, 그 푸른 하늘 아래 나지막이 누운 앞산이 뿌연 아지랑이를 휘감고 부풀어 오르고 있다. 깊은 잠에서 깨어나는 거대한 생명체 같다. 아마도 양지바른 산골짝 어디쯤 진달래가 조그만 분홍 입술 꼭 깨물고 봄눈 녹기만을 기다리고 있을 것이다.

코끝을 간질이는 흙냄새에 이끌려 텃밭에 내려서니, 겨우내 땅땅 굳어있던 흙이 푹신하다. 따스한 봄볕을 받고 수많은 작은 생명들이 일제히 기지개를 켜고 깨어났나 보다. 지난겨울의 유별난 추위와 가뭄으로 인해 노랗게 떠 죽었을까 살았을까 걱정시키던 마늘순도 처음 걸음마를 시작한 아가처럼 눈부신 초록으로 오뚝 선 모습이 대견스럽기 그지없다. 대문 옆 백목련 봉오리도 벌써 통통 살이 오르고, 가장 먼저 피어 봄을 알리는 산수유 잔가지에도 발갛게 피가 돌기 시작했다. 얼음장 밑으로 소리 죽여 흐르던 집 앞 개울물도 어느새 녹아 제법 도란도란 지난겨울 얘기로 정답다.

담벼락 밑에 아직도 남아있는 잔설을 밟다 무심히 내려다보니 아아, 초록의 생명들! 손끝으로 눈을 살살 걷어내자 민들레, 광대풀, 뽀리뱅이, 곰보배추, 냉이, 이름 모를 풀들이 갸웃이 고개를 내민다. 봄은 어느 날 갑자기 오는 것이 아니라 겨울의 한가운데에서 이렇게 시작되고 있었나 보다. 우리 인생도 그런 것이 아닐까? 이승과 저승의 경계가 칼로 잘라내듯 싹둑 끊기는 것이 아니라 서로 물고 물려있는.

10년 전, 엄마와 하나뿐인 동생을 연이어 잃고 나는 서서히 죽어가고 있었다. 세상 모든 것이 다 귀찮고 살아내는 것 자체가 너무 힘겨웠다. 그즈음이었다. 우연히 잡초 우거진 폐허 같은 집을 발견한 것은. 내 꼴 같아서였을까. 여기라면 숨을 쉬고 살 수 있을 것 같았다. 문고리 한번 잡아보지도 않고 무조건 계약했다. 사실 그들을 잊기 위해, 그래야만 내가 살겠기에 숨듯 찾아든 곳이었지만, 돌이켜 생각해 보면 방해받지 않고 오롯이 그들과 함께 하기 위함이 아니었나 싶다. 비가 오나 바람이 부나 뜰에 엎드려 호미질을 하며 지난 얘길 나누면서 보냈다. 어깨 회전근이 파열되어 밤잠을 설치도록 고통스러웠지만, 뽑고 또 뽑아도 새롭게 돋아나는 풀이 오히려 고마웠다.

엄마와의 이별은 연세도 높으시고 지병도 있었으니 그리 어렵진 않았다. 가장 고통스러웠던 건 나이 50에 떠나버린 천사 같던 내 동생에 대한 사무친 그리움이었다. 아직 초등학생인 막내딸이 눈에 밟혀 차마 눈을 감지 못하고 어찌하든지 살아보려고 눈물겨운 투병 생활을 하던 동생은, 장장 3년이라는 긴 암 투병으로 종잇장처럼 마르더니 결국은 갔다. 살이란 살은 다 빠지고 뼈도 얇아져서 어쩌면 사람이 저리도 납작해질 수 있을까 싶게 야위어서 갔다.

어렸을 때부터 저보다 남을 먼저 배려하던 아이, 늘 남을 도우며 봉사의 삶을 살던 아이, 언니 같은 사람 없다며 내가 제 언니인 것이 고맙고 자랑스럽다며 뭐든지 따라 하던 아이, 내가 감기만 걸려도 호들갑을 떨며 걱정하던 아이였는데 자기가

새봄 65

먼저 갔다.

"언니야, 사랑해!"

숨지기 직전 마지막 한 마디를 남기고 기어이 가고 말았다. 동생의 병을 왜 진작 눈치채지 못했을까! 그렇게 떠나버린 동생이 너무도 원망스러웠으며, 그를 속수무책으로 보내버린 나 자신을 도저히 용서할 수가 없었다. 무엇보다 못 다해준 사랑 때문에 미칠 것만 같았다. 혼자 있는 시간이면 후회와 그리움이 사무쳐 동생의 이름을 부르며 통곡했고, 먹고 자는 일에 소홀했던 나머지, 자가면역결핍증의 하나인 혈소판증가증이라는 희귀병에 걸리고 말았다. 한 방울의 피도 흘리지 않았는데 내 몸은 출혈을 막기 위해 혈소판을 과다 생산하고 있었으니, 속으로 흘리는 피도 출혈로 인식한 것일까.

이제 동생이 가고 난 후 열 번째의 새봄이 오고 있다. 세월이 약이라던가. 산 사람은 살게 마련이라던가. 피 흘리던 상처에도 새살이 돋아나고 있나 보다. 눈물이 앞서 누구 앞에서도 입 밖에 내지 못하던 동생 얘기를 다 하고 있다.

칡넝쿨과 풀이 우거진 언덕 위에 폐허 같던 집도 마음의 병이 치유되는 속도에 맞추어 정비되어, 이제는 누가 봐도 사람 사는 집 같아졌다. 땅은 또 얼마나 놀랍도록 많은 채소들을 키워내 주는지. 잡초 투성이던 텃밭도 제법 꼴을 갖추어 온갖 채

소들을 넘치도록 선물해 주고 있다. 상추를 솎거나 호박이나 고추를 딸 때마다 고맙다는 말이 절로 나온다.

 올봄에도 햇볕이 더 도타와지면 밭을 갈고 퇴비를 넣은 다음 온갖 채소들을 심을 것이다. 그러면 햇빛과 바람과 이슬과 비는 내 노력의 백 배도 넘게 수확의 기쁨을 안겨 줄 것이다. 호박이 열리고 고추가 달리고 열무가 자라면 나는 내 동생이 그랬던 것처럼 된장국과 호박쌈과 열무김치를 준비해 놓고 오랫동안 소원했던 친구들을 초대할 것이다. 그리고 그들에게 텃밭이 주는 선물을 한 아름씩 안겨 줄 것이다. 그때마다 환하게 미소 짓는 모습들을 보며 내 동생에 대한 그리움을 달랠 것이다.

쑥국의 추억

봄비가 온다. 오랜 가뭄 끝에 단비가 내린다. 반가운 마음에 장우산을 꺼내들고 남천 산책길로 비 마중을 나선다. 어젯밤부터 내린 비로 먼지가 풀썩거리던 땅이 촉촉이 젖어있다. "도도도도다다다", 빗소리를 들으며 걷는 발걸음이 저도 모르게 우쭐거린다. 엊그제만 해도 바짝 메말라 꺾으면 툭 부러지던 조팝나무 가지가 낭창낭창하다. 가지마다 돋은 연둣빛 잎이 꽃처럼 예쁘다. 목련도 꽃망울이 뽀얗게 부풀어 올랐고, 명자 아가씨의 볼도 발그레하니 물들었다. 봄비를 맞은 식물들은 물감을 입힌 듯 저마다의 색깔로 피어나고, 온 땅은 생명의 기운으로 가득하다. 봄비가 내려야 비로소 진짜 봄이 시작되나 보다.

파릇하게 돋아난 잡초들 속에서 반가운 쑥도 눈에 들어온다. 겨울의 옅은 볕에 돋아나, 봄 가뭄에 마른 휴지조각 같더니 싱싱하게 새싹을 틔워 올렸다. 비가 그치면 쑥을 캐야겠다. 벌써 쑥향이 코에 스민다.

어릴 땐 봄이 오면 동무들과 쑥 캐러 다니기에 바빴다. 왼손 엄지와 검지로 쑥잎을 한 장 가볍게 잡고, 오른 손으로 뽀얀 밑동에 칼끝을 대고 살짝 누르면 쑥이 쉽게 잘리는데 이것이 그리도 재미있었다. 한 바구니 그득 캐서 전리품을 획득한 병사처럼 보무도 당당하게 집으로 돌아오면 엄마가 함빡 웃으며 반겨주곤 했다. 엄마의 칭찬도 기뻤고, 내가 캔 쑥으로 끓인 국을 온 식구가 맛나게 먹는 것도 뿌듯했다.

어릴 때의 추억 때문일까. 쑥을 캐서 국을 끓여먹지 못하고 봄을 넘기면 마음이 서운하고 허전하다. 그래서 쑥 캐는 일은 봄의 연례행사가 되었다. 어느 해 봄, 쑥의 경이로운 생명력을 경험한 이후로 쑥국을 더 좋아하게 되었다.

시골에 땅을 마련하여 주말마다 오갈 때의 일이다. 마당 한 쪽이 온통 쑥대밭이 되어 있었다. 팔을 걷어붙이고 쑥 소탕전에 돌입했다. 깊이 내린 원뿌리 주위에 곁뿌리들이 거미줄처럼 사방으로 뻗어있었다. 워낙 촘촘해서 뿌리 뽑는 데 두 달여의 주말이 소요되었다. 쑥뿌리가 약이 된다는 말을 들은 적이 있어서 효소를 담아볼 요량으로 캐낸 족족 정자 마루 밑 그늘에 모아두었더니, 큰 소쿠리에 가득 찰 만큼의 분량이 되었다. 먼저 캔 뿌리는 봄 가뭄에 비쩍 말라버렸지만 다 함께 빡빡 문질러 씻어서 설탕에 버무려 단지에 꼭꼭 눌러 담았다.

석 달이 지난 후 뚜껑을 열어보니 기대 이상이었다. 색깔도 향도 진한 효소가 한 되는 족히 나왔다. 새까맣게 쪼그라든 뿌리는 썩어서 거름이 되겠거니 여기며 텃밭에 던져두었다.

그런데 비가 잦았던 일주일을 보내고 주말농장에 가보니 놀라운 광경이 펼쳐져 있었다. 쑥 뿌리가 썩기는커녕 1,2센티미터 간격으로 싹이 총총 돋아나 있었다. 세상에! 어찌 이럴 수가 있단 말인가. 설탕에 절이기도 전에 이미 말라있던 뿌리에서도 어김없이 싹이 새파랗게 돋아나 있었다. 봄 가뭄에 두 달, 설탕에 절여져 석 달, 꼬챙이가 된 뿌리에서 새싹이 돋아나다니 충격이었다. 우리나라 건국신화에 쑥이 등장하는 이유를 알 것 같았다.

쑥뿌리 효소에 틀림없이 신비로운 생명력이 스며있을 것 같았다. 이웃 마을에 몸이 약해서 아버지 등에 업혀서 학교에 다닌다는 아이가 있어서 얼른 갖다 주었다. 효소가 얼마나 기여했는지는 모르겠으나, 훗날 밥도 잘 먹고 제 발로 걸어서 학교에 다니게 되었다는 소식을 전해 듣고 기뻤다.

요즘 사람들은 쑥국을 잘 먹지 않는 듯하다. 생활 수준의 향상으로 다양한 국거리들을 쉽게 구할 수 있는 덕분일 수도 있고, 깨끗한 쑥을 캘 만한 장소가 줄어들고 있기 때문일 수도 있다. 어릴 때 쑥국을 먹어보지 않은 아이는 자라서도 쑥의 독특한 향과 친해지기가 어려울 것이다. 초봄에 도다리쑥국이 반짝 음식점 메뉴에 오를 뿐 이래저래 쑥국은 추억의 음식이 되어가고 있는 중이다. 그러나 쑥이 몸에 좋다는 생각이 맛에 영향을 미친 덕분일까, 어릴 적 맛있게 먹은 추억이 서린 그리운 음식이기 때문일까. 나는 쑥국이 진정 맛있다.

마침 산책길 옆 한적한 곳에 어린 쑥밭을 발견했다. 봄 가뭄이 유난히 심했던 탓에 쓴 맛이 강해서 차를 만들기는 어려울 듯하다. 그래도 봄비를 맞고 며칠 더 자라면 쑥국을 끓이기에 안성맞춤일 것 같다. 가장 약성이 좋다는 단오 즈음까지는 쑥떡도 충분히 해 먹을 수 있다. 따사로운 봄볕을 등에 받으며 추억에 잠겨 쑥을 캘 생각에 벌써부터 마음이 설렌다.

오늘따라 하늘에 계신 엄마와 동생이 무척 보고 싶다. 정성으로 쑥국 끓여 옛날처럼 밥 한번 먹어봤으면 참 좋겠다. 아버지도 모실 수 있다면 더없이 기쁘겠다.

굽은 등

　새로 이사한 아파트가 너무 삭막했다. 꽃 화분 서너 개쯤 들여놓으려고 화원에 갔다. 유난히 눈에 띄는 다육식물이 있어서 꽃화분과 함께 데리고 왔다. 나이 들수록 의젓한 다육식물에 마음이 끌린다. 어른 엄지손가락만 한 쑥색의 잎이 원을 그리며 매달려 있는 모습이 꽤 귀여웠다.
　아침저녁 눈을 맞추며 지켜보니 제법 의젓하게 자라 올랐다. 그런데 줄기가 점점 굵어지더니 어느 날부턴가 자꾸만 옆으로 누웠다. 해굽성 때문인가 싶어서 화분을 돌려놓아 보았지만 전혀 변화가 없었다. 드디어는 바닥과 수평을 이루는 게 아닌가.

희한한 식물도 다 있구나 생각했다.

어느 날, 물을 주다가 깜짝 놀랐다. 90도로 드러누운 밑동에 새끼손톱만 한 어린 싹이 오종종 얼굴을 내밀고 있었다. 진한 감동이 밀려왔다. 어미는 제 새끼들에게 가운데 자리를 내어주기 위해 허리가 휘는 아픔을 견디고 있었던 것이다.

열 개도 넘는 어린 싹은 어미가 내어준 자리에서 햇빛을 듬뿍 받으며 하루가 다르게 자라 올랐다. 그러자 어미의 고개도 위로 휘어 뻗더니, 갸웃이 숙여 어린 싹들을 내려다보았다. 마치 아기를 품에 안은 엄마처럼.

우리 엄마도 그런 사람이었다. 당신 자신의 삶이란 없었다. 오로지 자식 키우는 일에 모든 시간과 힘을 쏟았다. 자식을 위해서라면 어떠한 희생도 마다하지 않으셨다. 젊은 나이에 혼자 되셔서 자식들 밥 굶기지 않으려고 당신이 할 수 있는 일이라면 무슨 일이든 다 하셨다. 봄이면 벚꽃 만발한 유원지에 가게를 차리셨고, 여름 한철엔 바닷가 해수욕장에 천막을 치고 우동을 말아 팔았다. 동네 구멍가게를 열어 붕어빵을 구웠으며, 한 푼이라도 더 벌기 위해 밤늦도록 가게 문을 닫지 못하셨다.

무더운 여름 밤엔 종일 고된 노동으로 꾸벅꾸벅 졸면서도 자식들 잠들 때까지 부채질로 더위를 식혀주셨고, 찬바람이 문풍지를 흔드는 겨울엔 따뜻한 아랫목에 눕히고 이불깃을 꼭꼭 여

며주셨다. 몸이 약한 나를 위해 삼계탕을 정성스레 달여서 인삼향이 거슬려 도리질을 하는 나를 어르고 달래며 떠먹여주시던 기억은 어제인 양 생생하다.

　엄마도 여느 엄마처럼 생선 대가리가 맛있다고 하며 대가리만 꼭꼭 씹으셨다. 한술 더 떠서 고기반찬은 꼭 국물만 드셨다. 같이 먹어야 더 맛있다고 엄마 밥숟갈 위에 고기 한 점 얹어드리면 그 한입 뿐, 다시 국물만 드셨다.

　나는 그런 엄마가 싫었다. 제발 좀 드시라고, 우리만 고기반찬 먹으면 뭐가 맛있겠냐고 짜증도 내보았지만 "응, 그래." 대답만 할 뿐 소용이 없었다.

　그땐 미처 몰랐다. 맛있게 먹는 자식의 입이 얼마나 예쁜지를. 내가 엄마가 되어 자식을 길러본 후에야 깨달았다. 먹거리가 흔한 요즘도 그러한데 하물며 헐벗고 굶주리던 시절이었으니 엄마의 마음이 오죽했으랴. 채소반찬만 먹이다가 오랜만에 먹이는 고기반찬, 한 점이라도 더 자식 입에 넣어주고 싶지 않았을까. 상냥하게 권했더라면, 볼이 미어지도록 맛나게 먹는 모습을 보여드렸더라면 얼마나 흐뭇해하셨을까.

　오로지 자식들을 위해 평생을 사신 엄마는 궁핍을 벗어난 후에도 물 한 방울을 아끼셨다. 사람이 천년만년 사는 게 아닌데, 기껏해야 백 년인데 그렇게 아껴서 뭐하실 거냐고 물으면 "너

거 주고 가지." 그러셨다. 엄마 먹고 싶은 것 안 먹고, 입고 싶은 것 안 입고 남겨놓고 가시면 자식들이 얼씨구나 할 것 같으냐고, 제발 좀 맘껏 쓰고 가시라고 화도 내봤지만, 결국은 끝까지 그렇게 사시다가 다 내어주고 가셨다.

나는 엄마에게 살가운 딸이 아니었다. '엄마, 사랑해' 같은 다정스런 말을 해본 적이 없다. 마음이 없어서가 아니라 습관이 잘못 굳어 입에 붙지 않아서다. 살아생전 옛이야기 오순도순 나누며 그땐 고마웠다고, 엄마의 그 사랑으로 엄마 딸이 이렇게 잘 자랐다고 말이라도 해보았으면 얼마나 좋았을까. 때늦은 후회가 가슴을 저민다.

나이 먹을수록 엄마가 그립다. 무엇보다 못다 갚아드린 사랑 때문에 마음이 쓰리고 아프다. 먼 후일 영혼이 있어서 엄마를 만난다면 그리웠노라고, 사랑한다고, 끝없이 속삭이고 싶다.

엄마의 등을 어루만지듯 휘어져 굽은 다육이의 등을 쓰다듬어본다. 아직은 완강하나 얼마나 더 버틸 수 있을까. 자꾸만 굽은 등에 마음이 간다.

엄마의 유산

남천변 벚나무에 꽃구름이 가득하다. 봄볕이 두터워지자 잠잠하던 가지가 일시에 꽃망울을 터뜨렸나보다. 창을 여니 산들바람이 달려와 마음을 설레게 한다. 쾌청한 하늘에 햇살도 눈부시다.

'이런 날 집안에만 있는 건 날씨에 대한 모독이야.'

하던 일 뒤로 미루고 집을 나선다. 꽃구경만 하려면야 작천정도 등억온천단지도 지척이지만, 독감에 발목 붙잡혀 보름 가까이 집콕이었던 처지라 경주로 향한다.

불국사 불이문 앞 벚꽃단지에는 소풍 나온 사람들이 꽤 많다. 셀카봉으로 사진 찍느라 여념이 없는 청춘남녀들, 어린 자녀들을 데리고 나온 부부들, 빙 둘러앉아 소싯적 놀이로 웃음이 왁자한 중년의 아주머니들, 그 옆엔 꽃구경보다 사람 구경이 더 즐거운 노인들도 있다.

오늘처럼 벚꽃이 한창이던 어느 봄날, 친정 엄마를 모시고 이곳으로 꽃구경을 왔을 때가 생각난다. 엄마는 유난히 꽃을 좋아하셔서 집 둘레를 온통 꽃밭으로 가꾸시던 분이었다.

"아이구 곱다, 아이구 예쁘다!"

연발하시며 즐거워하시던 모습이 눈에 선하다. 그토록 좋아하셨건만 엄마와 나들이를 한 일이 손에 꼽을 만큼 적어 가슴이 아린다.

나의 어린 눈에는 세상에서 우리 엄마가 제일 예뻤다. 넓지도 좁지도 않은 이마에 그린 듯한 눈썹에 알맞은 크기의 눈, 코, 입과 갸름한 턱선. 거기다 목소리까지 예뻐서 노랫소리도 가수 같았다. 조용하고 음전한 성품으로 소월 시를 좋아해서 즐겨 외우곤 하셨다.

여리고 곱기만 하던 엄마는 1959년 봄 서른 둘, 요즘 같으면 시집 간다 할 나이에 어린 딸 셋 딸린 과부가 되었다. 아버지가 남긴 유산이라곤 달랑 작은 집 한 채뿐이었다. 지아비를 잃은 설움에 잠길 겨를이나 있었을까. 당장 어린 자식들 데리고 살아내야 할 눈앞의 현실이 얼마나 무섭고 막막했을까. 사회는 어지럽고 국민은 헐벗었던 시대였으니 누가 보더라도 기가 막혔을 것이다. 엄마를 걱정한 나머지 아이들을 고아원에 보내고 새출발하라고 권유하는 사람도 있었다. 그러나 엄마는 꿋꿋이 버텼다.

밥은 굶어도 공부를 해야 한다며 아버지 돌아가신 이듬해 언니를 우리 동네 최초의 여중생이 되게 했다. 그 일로 엄마는 할머니로부터 딸아이를 쓸데없이 공부시킨다고 엄한 꾸지람을 들었다. 나는 할머니가 무서웠고, 잘못한 것도 없이 야단맞는 엄마가 억울했다. 고생이 눈에 보이듯 뻔한 며느리를 걱정하는 마음에서였음을 그때는 미처 몰랐다. 할머니 앞에 무릎 꿇고 앉아 고개만 숙일 뿐 뜻을 굽히지 않는 엄마가 아홉 살 어린 내 눈에 엄청 용감해 보였다.

끼니를 때우기도 어려운 형편에 자식들 공부시키느라 엄마는 늘 허리가 휘었다. 나는 엄마의 그 모진 세월에 대해 수십 년이 지난 지금도 세세하게 표현할 수가 없다. 가슴부터 미어지기 때문이다. 철이 들어가면서는 엄마의 고생이 보기 싫어 마음 편히 학교에 다닐 수가 없었다. 그래서 엄마의 가슴에 대못을 박고 말았다. 꿈만 좇으며 살 수 없는 현실의 벽 앞에서 그만 폭발하고 말았던 것이다. 감당하지도 못할 목숨을 뭣 때문에 낳았느냐고 대들었다. 엄마는 고통과 슬픔이 지극한 눈으로 말없이 나를 바라보셨다. 그 순간 내가 얼마나 말을 잘못했는지 깨닫고 가슴이 덜컥 내려앉았다. 엄마와 나는 서로 외면한 채 소리 없는 울음을 오래 울었다.

어쩔 수 없는 현실을 받아들이고 불쌍한 엄마를 위해 살다가 엄마가 돌아가시는 날 나도 죽어야지 결심하자 마음도 편해졌다. 하고 싶은 일을 모두 접고 감당해야 할 눈앞의 현실에 힘을 모았다.

학비는 장학금으로 해결되었으나, 엄마를 돕기 위해 중2 봄부터 과외지도를 시작했다. 대학 방학 땐 세 군데를 뛰었다. 엄마의 노후 생활자금을 마련하기 위해 발령을 받고도 타 학구에서 과외지도를 계속했다. 목표한 금액에 이르렀을 때 과외를 접고 늦은 결혼을 했다.

뒤이어 아이가 생기면서 나는 엄마의 딸이기만 할 수가 없었다. 엄마는 후순위로 밀려났고, 시간 내어 보살펴야 하는 의무가 되었다. 남편이 7남매의 넷째였지만 똑같이 엄마 배 아파 난 자식들인데 장남, 차남이 따로 있겠느냐며 내 몫의 도리를 하고자 애썼다. 직장 다니며 육아에 며느리에 딸 노릇까지 하느라 늘 시간에 쫓겼다.

살아온 세월을 뒤돌아보면 어떻게 다 헤쳐 나왔을까 싶다.

그러나 그 힘이 어디에서 왔는지 안다. 엄마의 모진 세월들을 보고 자란 딸이기에 감당해낼 수 있지 않았을까. 엄마가 너무 그립다.

나는 엄마가 돌아가시고도 죽기는커녕 이십 년을 더 살고 있다. 아이들도 제 몫을 하며 더 이상 나의 도움이 필요치 않다. 나는 비로소 내 삶의 주인이 되어, 가고 싶은 곳에 가고, 하고 싶은 일을 하며 산다. 젊어서는 오직 자식들을 위해, 할머니가 되어서는 손주들 뒷바라지에 평생을 산 엄마에 비하면 나의 노년은 호화롭기만 하다.

엄마도 언젠가는 나의 곁을 떠나야 한다는 사실을 왜 외면하고 살았을까. 바쁘다는 핑계로 엄마의 노후를 살뜰히 보살펴 드리지 못한 것이 가슴 저리게 후회스럽다.

눈을 들어 올려다본다. 파란 하늘을 배경으로 싱그러운 바람에 잘게 흔들리는 꽃잎이 인사를 건네는 것 같다. 지난 밤 꿈에서 본 엄마 얼굴이 겹친다. 문득 경주로 온 건 눈에 보이지 않는 이끌림이었을지도 모른다는 생각이 든다. 엄마와 함께 바라보던 그날의 벚꽃을 오늘도 엄마와 함께 바라보고 있다.

"벚꽃이 엄마처럼 곱네."

"니가 더 고와."

보름달 같은 엄마의 얼굴이 환하게 웃는다.

러닝셔츠를 널며

며칠 흐리던 날씨가 맑게 개었다. 오랜만에 나온 햇살이 반가워 러닝셔츠와 타월을 폭폭 삶아 널었다. 베란다 문을 활짝 열어젖히니 산뜻한 바람이 기다렸다는 듯 밀고 들어와 얼굴을 스친다. 빨래들도 즐거운 듯 살랑살랑 춤을 춘다.

러닝셔츠는 겉옷의 솔기와 거친 감촉으로부터 몸을 부드럽게 감싸준다. 뽀송뽀송 잘 말린 새하얀 러닝셔츠를 입을 때마다 기분이 좋다. 호사를 누리는 듯 뿌듯하다. 내게 궁핍의 시절이 없었다면 러닝셔츠 한 장으로 이런 기쁨을 맛볼 수 있을까.

대학 1학년 초여름 어느 날이었다. 엄마의 휴가일에 용두산에 올랐다. 산이라 할 것도 없는 작은 규모의 동산이지만 바다를 한 눈에 조망할 수 있어서 당시엔 꽤 인기 있는 관광지였다. 자가용이 흔치 않던 시절, 시내 한복판에 있어 접근성이 좋은 것도 한 몫을 했을 터였다.

공원이 잘 조성된 정상에는 사람들이 꽤 많았다. 부릅뜬 눈으로 부산 앞바다를 지키고 서 있는 충무공 동상 앞에서 잠시 발걸음을 멈추었다가 산책길로 접어들었다. 공원을 한 바퀴 돈 뒤 바다가 내려다보이는 장의자에 자리를 잡았다. 30년 가까이 부산에서 살아온 엄마가 용두산에 오른 건 이번이 처음이라 했다. 나들이 자체가 처음인지도 몰랐다. 시야가 툭 트인 도시의 전망과 푸른 바다를 보며 아이처럼 좋아하셨다. 사람을 두려워하지 않고 주위를 날아다니며 노니는 비둘기들을 구경하는 것도 큰 즐거움이었다.

시간 가는 줄 모르고 구경하다 일어섰다. 올라올 때 봐 둔 우동집에 점심을 먹으러 가기 위해서였다. 엄마가 우동을 유난히 좋아하시기도 했지만, 주머니 사정도 고려한 메뉴 선택이었다. 그러나 우동 한 그릇일망정 엄마와 함께 외식을 한다는 사실만으로도 충분히 행복했다. 광복동 입구로 향하는 계단을 내가 앞장서고 엄마가 뒤따라 내려왔다. 외국인들도 더러 눈에 띄었다. 계단을 다 내려왔을 때 엄마가 내 귀에 대고

속삭였다.

"저 외국인 청년들이 니 등을 자꾸 보더라."

순간 구멍 난 러닝셔츠가 눈앞에 번쩍 떠올랐다. 나는 짐짓 모르는 척 딴청을 부렸다.

"희한한 사람들이네. 남의 등은 뭣 땜에 쳐다보노!"

러닝이 단벌이라 어쩔 수 없었다. 설마 드러나 보이랴 생각하며 구멍 난 러닝을 입고 다녔었는데 엄마의 눈에 그만 들켜버렸다. 햇빛 환한 대낮이라 흰색 반팔셔츠 밑으로 뻥뻥 뚫린 구멍이 비쳐보였나 보다. 그렇더라도 그 외국인 청년들이 설마 내 등을 유심히 보았을까. 스무 살 한창 예쁠 나이에 구멍 난 러닝셔츠나 입고 다니는 딸이 엄마의 눈에 얼마나 가여웠을까.

내가 고3이었던 전년도 가을에 언니가 결혼을 했다. 혼사는 무사히 치렀지만 그로 인해 진 빚은 엄마의 구멍가게 수입으로는 이자조차 감당하기 어려웠다. 암담했다. 그래서 이듬해 봄 우리는 용단을 내렸다. 엄마는 나의 중학교 때 선생님 댁에 보모로 들어가며 2년치를 선불 받아 빚을 해결했다. 나는 입주 아르바이트로, 동생은 고등학교 진학을 1년 미룬 채 숙식이 제공되는 일터로 떠났다.

세 가족이 뿔뿔이 흩어졌지만, 빚에 시달리지 않게 되니 오래 묵은 체증이 뚫리는 기분이었다. 2년만 고생하면 엄마도 돌아오시고 나도 직장을 갖게 될 것이다. 1년 후에 동생을 데려와 고등학교에 입학시키고, 1년만 더 버티면 다함께 살 수 있다. 지출을 최대한 줄여 나의 등록금과 동생 학비를 마련해야 했다. 겉옷도 속옷도 단벌이었지만, 마음에 거리끼지 않았다. 끼어 입을 때 잠시 아릴 뿐, 떨어진 러닝셔츠쯤 아무 것도 아니었다.

사실 우리는 서로를 걱정하느라 정작 자신의 불행을 들여다볼 겨를이 없었던 것 같다. 엄마와 동생만 생각하면 가슴이 미어졌지만, 나 자신을 위해서는 눈물 한 방울 흘리지 않았다. 엄마와 동생도 마찬가지였을 것이다. 서로를 걱정하는 마음은 우리 가족을 더 강한 유대로 묶어주었다. 엄마에겐 딸들이 모진 세월을 버티는 힘이 되었고, 나는 동생에게 세상에 둘도 없는 언니가, 동생은 나에게 자식 같은 존재가 되었다.

살아온 날을 돌이켜보면 세상일이란 완벽하게 좋기만 한 일도, 백 퍼센트 나쁘기만 한 일도 없는 것 같다. 호사다마라고 좋은 일엔 마가 끼이기 쉽고, 나쁜 일에도 좋은 구석이 있기 마련이다. 가난을 함께 겪었기에 가족 간의 진한 사랑을 얻었고, 가난을 두려워하지 않는 힘을 갖게 되었다. 돈 한 푼에 떨거나 돈에 눈 밝히며 살지 않을 수 있었다. 자족도 배웠다. 러닝셔츠 마음대로 사 입을 수 있는 것만으로도 나는 이미 부자가 아닌가.

초가을의 햇살에 러닝셔츠가 보송보송 말라간다.

결혼이야기

어린 시절, 나는 아버지의 사랑을 각별히 받으며 자랐다. 나도 아버지가 참 좋았다. 유년기 그리운 추억으로 남아있는 일들은 모두 아버지와 관련되어 있다. 그런 연유에서일까. 여학교 시절에도 젊은 선생님보다 연세 지긋한 분을 더 따랐고, 만약 결혼을 한다면 적어도 나보다 다섯 살은 더 많아야 한다고 생각하고 있었다.

그런 나를 자꾸만 따라오는 한 남자가 있었다. 같은 학교에 근무하는 동료로 나만 보면 "넌 내 마누라야."라고 말해 질겁하게 만들었다. 나이는 나보다 한 살 많았지만 달수로는 겨우 5개월 연상이었다. 5년이 아니라 5개월이라니, 어림도 없는 소리였다. 그래서 형수님이라면 한번 생각해 보겠으니 형님이나 소개해 보라고 맞받아치곤 했다.

그때 내겐 대학에 다니는 동생이 있었고, 엄마의 노후를 준비하느라 결혼이란 꿈도 꾸지 못할 때였다. 새로운 인생의 출발을 맨주먹으로 하고 싶은 마음은 추호도 없었다. 이 남자 또한 전혀 준비가 되어 있지 않아 보였다. 그럼에도 불구하고 결혼하자고 들이대니 너무나 철이 없어 보여 한심하기 짝이 없었다. 그러나 밉상은 아닌 데다 기발한 유머 감각이 있어서 삶이 힘겨워 웃음이 고픈 나를 곧잘 웃게 만들었다.

걸핏하면 집까지 따라와 장난을 거는 사람을 그냥 보낼 수 없어 밥도 먹여 보내고, 차도 같이 마시면서 우리는 점점 흉허물 없는 사이가 되어갔지만, 그렇다고 결코 연인 사이는 아니었다. 확실하게 관계 정립을 해두어야겠다는 생각이 들 무렵 선배의 성화에 못 이겨 맞선을 보았다. 그리고 다음 날 그를 만났다.

"나 선봤다. 사람 괜찮더라."

그러고는 어떠한 거친 반응에도 대응할 만반의 준비를 갖추고 잔뜩 긴장하며 기다렸다. 이럴 땐 뭐라고 한 말씀 하시든지, 바람을 쌩 날리며 자리를 박차고 나가야 맞는 게 아닌가. 그런데 30분이 넘도록 가만히 앉아 있더니, 이렇게 말하는 것이었다.

"이제 가자. 다시는 그런 말 하지 마래이."

그게 끝이었다. 이건 또 무슨 자신감인가. 어안이 벙벙해서 폭소가 튀어나올 지경이었다.

그렇게 또다시 어정쩡한 관계를 이어가고 있을 무렵 사건이 터졌다. 우리 반 자모 중 한 분이 자기 동생을 한 번만 만나달라고 막무가내로 졸라댔다. 결혼할 생각이 전혀 없다고 했지만 소용이 없었다.

어느 토요일에는 아예 퇴근도 못하게 붙잡았다. 자모를 설득하는 일이 도저히 불가능해 보였다. 그래서 본인을 만나 누나를 좀 말려 달라고 부탁해보기로 하고 약속을 잡았다. 낯선 사람 앞에서 내 개인 신상을 드러내야 한다는 게 구차하고 자존심 상했지만 도리가 없었다.

자모의 말에 의하면 지방 유지인 그의 아버지는 재력이 탄탄하고, 막내이자 외동아들인 그 또한 작은 사업체를 갖고 있다고 했다. 내년이 부친 회갑이라 그 전에 며느리를 꼭 보고 싶어 해서 온 식구가 장가보내기 작전에 나섰단다. 그래서 수없이 선을 보였으나 성사가 되지 않아 난감해하고 있는 중이라 했다.

시내 다방에서 만난 그는 키가 180센티미터는 족히 되어 보이는 서른 살의 미남이었다. 나는 아무 거칠 게 없어서 솔직하게 털어놓았다. '어머니를 모시고 사는 소녀 가장이다. 셋방살이한다. 동생도 공부를 아직 마치지 않았다. 그러니 결혼할 때가 아니다. 결혼이라는 걸 생각할 여유조차 없다. 나를 퇴짜 놓아서 누님을 좀 말려 달라.' 이런 취지의 말을 했다. 그런데 작전은 실패였다. 선보는 자리에서 자신을 홀라당 까뒤집어 보여주며 솔직하고 맹랑하게 말하는 사람을 처음 본 때문일까. 그 모든 것을 자신이 다 책임질테니 당장 결혼하자는 것이었다.

일이 이상하게 흘러가고 있었다. 나는 아직 승낙도 안 했는데 저쪽에서 결혼 준비를 서두르는 눈치였다. 그런 와중에 내 마음도 흔들리고 있었다. 가난과 책임감에서 벗어나 부자로 살아보고 싶었다. 이 남자에 기대어 내 짐을 나눠지고 홀가분해지고도 싶었다. 여섯 살이나 차이가 나는 것도 마음에 들었다. '집안 차이가 나는 건 뭐 어때, 나 하기 나름이지.' 이런 생각이 들기도 했다.

세 번째 만난 날엔 얼떨결에 상견례도 하고 말았다. 엄마와 큰아버지를 먼저 보내드리고 좀 더 이야기를 나누다 저녁 무렵 집에 돌아와 보니, 직장 동료인 그 철없는 남자가 나를 기다리고 있었다. 오전에 와서 점심도 쫄쫄 굶어가며 기다렸단다. 미련한 행동이 어처구니없기도 하고 미안하기도 해서 저녁을 지어 먹인 후 강둑길을 걸어 버스 타는 곳까지 배웅을 나섰다. 그

길에서 자랑처럼 가볍게 말했다.

"나 시집갈 것 같다."

그 말이 끝나자마자 그는 갑자기 내 두 어깨를 부여잡고 벌벌 떨었다. 그의 입에서 신음 같은 울음이 새어 나왔다. 눈에서는 굵은 눈물방울이 뚝뚝 떨어져 내렸다. 나는 그 모습에 엄청난 충격을 받았다. 갑자기 나 자신이 부끄러워졌다. 그 사람의 됨됨이에 대해 아무것도 모르면서 단지 '가진 자'라는 것에 마음이 혹해서 시집갈 생각을 하는 나에 비해, 내 형편을 다 알면서도 나 하나만 바라보는 이 사람이 너무나 순수하게 느껴졌다. 조그맣고 볼품없는 나를 이 정도로 생각하고 있을 줄은 꿈에도 몰랐다. 내 생애 다시는 이런 남자를 만날 수 없을 것 같았다. 나 아니면 이 사람이 죽을 것 같기도 했다. 감동의 물결이 온몸을 휩쓸어 내 몸도 덜덜 떨렸다. 우리는 서로 부둥켜안고 한참을 울었다. 다른 남자에게 절대 시집가지 않겠노라고 굳게 약속하고 헤어졌다.

우리 둘은 다음 날 중국집에서 만나 선을 본 남자에게 사과의 편지를 썼다.

'당신은 모든 걸 가진 사람이다. 나하고는 비교도 안 되는 훌륭한 사람을 만날 것이 틀림없다. 그러나 이 사람에게는 아무것도 없다. 그래서 이 사람을 떠날 수 없다. 너무나 죄송하다.'

이런 의미의 말들을 두서없이 썼다. 그리고 그 편지를 선을 본 남자의 사무실 출입문 틈으로 밀어 넣었다. 지금 생각하면 순진하던 시절의 참 웃기는 행동이었지만, 나는 그때 밤잠을 못 이루며 고뇌했었다.

다음 날, 한 번만 더 만나달라는 선 본 남자의 간곡한 청을 뿌리치지 못해 다시 만났다. 그는 결혼을 서두르지 않겠으니 제발 다시 생각해 달라고 애원했고, 나는 머리가 터질 듯 괴로워 눈물만 흘리다가 뛰쳐나오고 말았다. 이 상황으로부터 달아나고 싶은 생각밖에 없었다. 집으로 가지 않고 혼자 사는 선배 집으로 갔다.

밥이 목구멍으로 넘어가지 않았다. 밥알이 모래알 같다는 표현이 어떤 것인지 그때 처음 실감했다. 출근도 할 수 없었다. 일주일이나 무단결근을 했다. 아이들에겐 씻을 수 없는 잘못을 저질렀고, 대신 수업을 해준 동료 교사들에겐 말할 수 없이 죄송하고 또 감사하지만 그때의 나는 제정신이 아니었다.

나중에 얘기를 들어보니 선을 본 남자는 택시를 타고 우리 집까지 와서 엄마한테 나를 좀 설득해 달라는 부탁을 하고 갔고, 가난한 그는 버스로 한 시간 반이나 걸려 우리 집에 와서는 현관에 내 신발이 없는 걸 확인하고 내 이름을 소리쳐 부르며 어두운 둑길을 찾아 헤매다 새벽녘에 돌아갔단다.

그 당시는 월급을 직접 현금으로 주던 시절이었다. 선배 언니 집에 머무르다 월급날이 되어 할 수 없이 출근한 날 아침, 또 사건이 터졌다. 선을 본 남자의 자형이 남의 혼사에 재 뿌리는 선생을 좀 만나게 해 달라고 교장실에 찾아갔던 것이다. 마침 아침 직원 조회가 있어서 온 교직원이 교무실로 모여들고 있을 때였다. 일주일이나 못 먹고 자지도 못해 허약해져 있던 나는 그만 혼절하고 말았다.

소문은 삽시간에 전 직원에게 퍼져버렸다. 수치스럽고 부끄러워 도저히 얼굴을 들고 다닐 수가 없었다. 그렇다고 더 이상 결근을 할 수도 없었다. 모든 회의에 참석하지 않고 전달만 받았으며, 교실에만 틀어박혀 있었다. 동학년 선생님들과도 얼굴을 마주하지 않았다. 보다 못한 교감선생님께서 데이트 신청을 해 오셨다.

퇴근 후 다방에서 만난 교감선생님은 짐짓 아무것도 모르는 척하시며 무슨 일이 있냐고 물으셨다. 나는 눈물 콧물 빠뜨리며 너무 부끄러워 얼굴을 들 수가 없다고 말씀드렸다. 교감 선생님께서는 빙그레 웃으시며 그게 김 선생 자랑이라면 자랑이지 어디 부끄러운 일이냐며, 전처럼 다시 밝게 지내라고 위로해 주셨다. 일주일씩이나 무단결근한 사실에 대해서는 일언반구도 없으셨다. 선생님의 그 따뜻한 배려를 지금도 잊을 수가 없다.

 교감 선생님과의 면담 후 차츰 수치스러움으로부터 벗어날 수 있었지만, 너무 고통스러웠던 기억 때문에 이도 저도 다 싫었다. 그 해 9월에 중간 이동을 신청해서 학교도 옮겨버렸다. 그러나 소문은 소문대로 나버렸으니 어쩔 도리가 없는 일이었다. 동생의 마지막 등록금을 내고 엄마에게 집과 생활자금을 마련해드린 후 동료 남자와 결혼했다. 그 사건으로부터 삼 년 반이 지난 늦가을이었다.

 그런데 이 사람 거동 좀 보소. 총각 땐 프랑스가 배경인 주말의 명화를 보고 일요일 새벽같이 달려와 우리도 센 강변을 꼭 거닐어 보자는 둥, 우리나라에서 최초로 롤스로이스를 태워주겠다는 둥, 하늘의 별도 따다 줄듯이 굴더니, 결혼을 하고 나니 백팔십 도 다른 사람이 됐다. 아침에 이불 좀 개 달라고 하면 "또 잘 거 아니가?" 하고, 양말을 꺼내고 서랍 좀 닫으라고 하면 양말도 숨을 쉬어야 한단다. 갈아입은 옷과 양말을 세탁실에 갖다 놓는 데도 근 1년이 걸렸다. 친구가 좋고 술이 좋아 바로 퇴근하는 법이 없었고, 일요일엔 일요일대로 낚시니 등산이니 하고 새벽같이 집을 비웠다. 참다못해 "이건 사기다. 완전 사기꾼에게 속았다. 물리자." 라고 했더니, "총각이 처녀 꼬실 때 무슨 말을 못 해." 란다. 도대체 나랑 왜 결혼했냐고 아무리

물어도 대답을 안 했다. "나 데려다가 부려먹으려고 했지?" 하면 "안 가르쳐 줘." 라고 했다.

세상의 미혼 여성들이여, 남자들의 거짓 맹세에 속지 마시라. 설령 그 순간 진실이었다 해도 세상에서 가장 잘 변하는 게 사람 마음이라는 것을 기억하시라. 그리고 나처럼 착각하지 마시라. 나 아니면 죽을 것 같아 보이지만, 세월 지나면 잘만 사는 존재가 남자들이다.

다시 태어나도

　젊은 시절, 주위 어르신들로부터 "살아보니 인생이 잠깐이더라." 라는 말을 많이 들었다. 그 말이 믿기지 않았다. 사는 게 힘드니 후딱 세월이 흘러 빨리 늙고 싶은데, 시간은 더디 흐르고 가야 할 길은 아득히 멀기만 했다. 노년에 이르고 보니 그 말씀이 절절히 가슴에 와 닿는다. 그야말로 눈 한번 깜빡이는 사이 수십 년 세월이 훌쩍 지나가버린 느낌이다.
　나는 소위 워킹맘이었다. 직장에 가면 바쁜 업무로 정신이 없었고, 집에 오면 집안일이 산더미라 아이들을 충분히 안아주지 못했다. "엄마 설거지 다해 간다. 조금만 기다려 줘." 큰 소리로 외치며 일 끝내고 방에 들어가 보면, 아이들은 기다리다 지쳐 잠이 들어 있곤 했다. 종일 엄마를 기다린 아이는 잠이 들어서야 겨우 엄마 품에 안길 수 있었다. 그럴 때면 아이와 눈 한 번 제대로 못 맞춘 허전함과 아이에 대한 안쓰러운 마음이 겹쳐서 눈물이 핑 돌았다.

운동회를 비롯한 학교의 모든 행사 때 엄마 노릇을 못했고, 아이들 입학식에도 졸업식에도 참석할 수 없었다. 아침부터 잠들 때까지 쉼 없이 앞만 보고 달리는 경주마 같은 삶이었다.

아들이 초등학교 2학년이 되던 해 봄이었다. 정기 이동으로 전근을 하게 되었고, 직장 따라 집을 옮겨 살다보니 아들도 전학을 시킬 수밖에 없었다. 신학기가 시작되고 한 달쯤 지난 어느 날 아들이 울먹이며 "우리 살던 동네로 다시 이사 가면 안돼?" 하더니 으앙 울음을 터뜨렸다. 울음은 점점 격해져 눈물 콧물 빠뜨리며 통곡으로 변했다. 학교에 가도 친구가 없고, 집에 와도 엄마는 물론 아는 얼굴 하나 없는 낯선 동네에서 아이가 얼마나 두렵고 외로웠을까 생각하니 가슴이 미어졌다. 나도 아들과 함께 꺼이꺼이 울었다. 엄마가 직장에 다니지 않았다면 겪지 않아도 될 아픔을 내 아들이 겪고 있었다.

그 해 오월, 어린이날 기념 교내 글짓기 대회가 있었는데 2학년의 한 어린이가 쓴 동시를 돌려보며 우리 여교사들은 너나없이 콧물을 훌쩍였다. 애써 외면하려 했던 바로 내 아이의 모습이었다.

식은 밥

학교를 마치고 집에 와서
열쇠로 아파트 문을 엽니다.
집에는 아무도 없습니다.
나는 엄마가 아침에 차려놓고 간 식은 밥을 먹습니다.
밥이 맛이 없습니다.

학교 갔다가 돌아오면 "엄마!" 하고 큰 소리로 부르며 대문을 박차고 뛰어 들어가던 어릴 적 내 모습이 떠올랐다. 엄마가 환한 미소로 반겨주면 학교에서 받은 이런저런 스트레스와 피로가 확 날아갔다. 엄마가 집에 안 계시면 일시에 다리에 힘이 풀렸다. 온 동네를 다 뒤져 엄마 얼굴을 보고 나서야 뛰어놀 힘이 생기곤 했었다. 엄마는 아이에게 그런 존재인데, 그래야 엄만데, 안타깝고 서러웠다.

친정 엄마와 시어머님이 아이들을 맡아주실 때는 마음 놓고 직장에 다닐 수 있었다. 그러나 딸아이가 여섯 살 되는 해부터는 단손으로 키워야 했다. 가장 늦게 집을 나서는 딸아이의 목에 열쇠를 걸어주고 허둥지둥 직장으로 달려가고 나면 저 혼자 문 잠그고 유치원 가고, 유치원 마치고 저 혼자 학원 갔다 와서 이웃집에서 나를 기다렸다. 출장이 있는 날은 돌아오는 길에 잠시 딸아이 유치원에 들러 창문 너머로 바라보다 오곤 했는데, 그럴 땐 나도 모르게 눈물이 주르륵 흘러내렸다.

토요일엔 딸아이를 학교에 데리고 갔다. 그 당시 학교는 오전 수업이 있었고, 유치원은 주 5일제였다. 네 시간 수업 마칠 때까지 아이를 복도에 앉혀놓아야만 했는데, 분위기에 눌렸는지 긴 복도가 무서웠는지 의자에 꼼짝 않고 오도카니 앉아있었다.

둘 다 대학생이 된 어느 날, 엄마 노릇 제대로 못해서 미안하다고 사과하며 서운했던 일들을 털어놓아 보라고 했다. 그런데 아이들의 반응이 의외였다. 고맙게도 전혀 아니라고 손사래를 쳤다. 부족한 것 없었고, 엄마 잔소리 안 들어서 좋았고, 친구들을 집에 데려와 놀 수 있어서 신났단다. 대학 다닐 땐 오피스텔 하나 얻어주지 못하고 옥탑방, 반지하방에서 살게 해서 엄청 마음 아팠다고 했더니, 대신 방이 넓어서 괜찮았단다. 아이들 마음속에 응어리진 상처들을 풀어주고자 어렵게 꺼낸 말이었는데 오히려 내가 위로받는 느낌이었다. 엄마의 아픈 마음을 헤아린 과장된 몸짓에 콧등이 시큰했다.

　아이들은 스스로 진로를 선택해 저들이 원하는 대학에 들어가더니 취직도 무리없이 했다. 적당한 때에 마음 따뜻하고 성실한 배우자들을 만나 결혼도 하고 아들, 딸 둘씩 낳아 오순도순 정답게 살고 있다. 고맙고 또 고맙다. 내가 여기서 무엇을 더 바라랴. 그들이 있기에 늘어나는 눈가의 주름도 쇠잔해가는 육신도 서럽지 않다.

　다시 태어나도 내 아이들의 엄마가 되고 싶다. 그러나 그땐 좀 더 시간이 넉넉한 엄마였으면 좋겠다. 아침마다 머리 빗겨주고 등굣길 배웅하겠다. 학교에서 돌아오면 포근히 안아주고, 사랑한다 말하겠다. 자주자주 눈 맞추며 아이들의 말에 귀 기울이겠다. 대야에 따뜻한 물 담아 거품 가득 내어 발 씻어주고 까르르 웃는 아이의 웃음소리도 듣고 싶다. 그리하여 행복한 유년을 선물하고 싶다.

입덧

기쁜 소식이다. 딸이 둘째를 임신했단다. 입덧으로 인해 아무 것도 먹지 못하고 데친 양배추만 목구멍에 넘어간다며, 우걱우걱 씹는 소리와 함께 소식을 알려왔다. 첫째가 다섯 살이 되도록 아무 소식도 없어서 하나만 키우려나 내심 걱정하고 있었는데 다행이다. 알고 보니 제 딴엔 병원도 다니고 애를 쓴 모양이다. 직장도 다녀야 하고 공부도 해야 하는데 기특하다. 한편으론 걱정이 앞선다. 첫째 때만큼만 입덧하기를, 제발 이 어미를 닮지 말기를.

내가 딸을 가졌을 때가 생각난다. 임신 6개월째에 접어들기까지 링거로만 살아야 했던 지독한 입덧이었다. 그래도 아기는 자라고 있었다. 놀라운 생명력이었다. 고마운 한편 무서웠다. 임신 삼 개월째에 뇌세포가 형성된다던데 저능아가 되는 건 아닐까, 못난 엄마 탓에 장애아로 태어나면 어쩌나, 온갖 걱정이 내 마음을 짓눌렀다. 그래서 기를 쓰고 먹으려 해 보았지만 물 한 모금 목구멍에 넘어가지 않았다.

낮밤을 가리지 않고 온갖 냄새, 심지어 물냄새까지 나를 괴롭혔고, 속쓰림과 니글거림으로 끊임없이 구토에 시달려야 했다. 속 시원히 뭔가가 올라와 주면 다음 순간 숨을 쉴 텐데 아무 것도 올라올 게 없으니, 숨만 꺽꺽 넘어가던 순간들이 얼마나 고통스러웠던지. 45kg이었던 몸무게가 41kg으로 줄고 시력은 1.2에서 0.4로 떨어졌다. 멀쩡하던 이도 깨어져 나왔다. 들고 있던 외투를 놓았을 때처럼 소리 없이 허물어지듯 바닥에 쓰러진 적도 두 번이나 있었다. 보다 못한 양가 부모님들이 아이 낳으려다가 어른 잡겠다며 나를 수술대 위에 눕히고 말았다.

갈고리를 임신부의 몸에 집어넣어 태아를 긁어내면 아기의 머리며 팔다리며 몸통이 찢겨져 나온다는 소파수술을 받아야 하다니. 이 기막힌 현실 앞에 나는 온몸으로 통곡했다. 나 자신이 너무나 한심스러웠고 무엇보다 아기에 대한 죄책감에 눈물이 골을 타고 흘러내렸다. 보다 못한 의사가 수술대에 누운 나를 내려다보며 1주일만 더 참아보겠느냐고 물었다. 1주일 후에도 여전하다면 그때 수술하자고 했다.

그 말이 끝나자마자 수술대에서 벌떡 일어났다. 그리고 그 1주일의 마지막 날 나는 기적처럼 한 그릇의 매운 비빔냉면을 목구멍으로 넘길 수 있었다. 물론 약할대로 약해진 식도와 위벽이 불에 덴 듯 따가웠고 다음 순간 몽땅 토해내고 말았지만 만 5개월 만에 내 목구멍으로 음식을 삼켰다는 감격으로 펑펑 눈물을 쏟았다. 그 후 김치를 비롯한 매운 음식과 생채소는 여전히 못 먹긴 했지만, 부드러운 음식과 밥은 씹어 삼킬 수 있었다. 송인문 선생님, 이쁜 딸을 얻게 해주신 잊을 수 없는 고마운 의사 분이시다.

딸을 낳고 제일 먼저 한 일은 이목구비가 다 제자리 달려있는지, 팔다리는 멀쩡한지, 손가락 발가락은 다섯 개씩 맞는지 세어보는 일이었다. 어디 한 군데 장애가 없이 태어난 것을 확인하자 나도 모르게 "감사합니다, 감사합니다"가 입에서 저절로 새어나왔다.

뱃속에 있을 때 못 먹인 것이 너무나 한이 되어 허리가 끊어지는 아픔을 참으며 신생아를 두 시간도 넘게 안고 젖을 물려보았지만, 허기진 아기는 젖꼭지를 놓을 줄 몰랐다. 아예 한 방울도 나오지 않는 것 같았다. 참 이상한 일이었다. 뱃속에 있을 땐 살과 뼈를 녹여 아기의 생명을 키우더니 몸 밖으로 내보내자마자 내 몸은 완전히 제 살 궁리만 하고 있었다.

아기는 분유 젖꼭지는 한사코 혀와 입술로 밀어내고 엄마 가슴만 찾았다. 어떤 노력을 해도 젖이 돌지 않았다. 안타까움으로 속이 까맣게 타들어갔다.

엄마의 빈 젖만 빨며 꼬박 이틀을 울던 아기가 허기에 지쳤는지 사흘째 되는 날 분유를 먹기 시작했다. 아기가 가여워서 눈물이 났다. 온 식구가 가슴을 쓸어내렸다. 아기는 서서히 살이 오르기 시작했다. 비록 2.85kg의 연약한 몸으로 태어났지만, 온전하게 태어나 건강하게 잘 자라 준 딸이 그지없이 고맙다. 그러나 삼십여 년이 지난 오늘까지 딸의 몸에 작은 이상만 있어도 혹시 내 탓이 아닐까 가슴을 쓸어내리게 된다.

갑자기 마음이 바빠졌다. 김치도 담가야겠고, 빈혈 생길라 고기도 좀 절여야겠다. 물 좋은 생선도 준비해야겠고, 텃밭 나물도 뜯어서 무쳐야겠다. 딸이 좋아하는 애호박전은 먹을 수 있으려나? 어미 성의를 생각해서 한 점은 먹어주겠지? 내 마음은 벌써 딸이 사는 경기도 광주로 달려가고 있다.

첫째의 비애

한창 사춘기에 접어든 딸의 마음을 잡아보려고 초밥집에 다녀온 날이었다. 외출에서 돌아와 있던 아들이 초밥 도시락은 거들떠도 보지 않고 느닷없이 눈물을 흘리며 울었다. 나는 뭐냐고, 나는 자식이 아니냐고, 나도 초밥집에 데려가 봤냐고 하며 자랄 대로 다 자란 대학 1학년짜리 아들이 꺼이꺼이 울었다. 이게 무슨 소리인가. 너무나 놀랐다. 아들이 이런 생각을 하고 있을 줄은 꿈에도 몰랐다. 아들의 아픔이 그대로 전해져 나도 함께 울고 말았다.

도대체 언제부터, 얼마나 오래 이런 소외감을 안고 살아왔던 것일까. 엄마가 잘못했다고, 그렇지만 그런 게 아니라고, 너는 언제나 엄마 마음에 첫째라고, 너는 든든한 나의 기둥이고 자랑이라고 말해주었지만 아들은 내 말을 얼마나 믿었을까.

살아온 날 중 가장 행복했던 때는 아들을 낳고 기를 때였다. 아들은 잘 먹고, 잘 자고, 잘 놀고, 잘 웃는 그야말로 순둥이였다. 아들을 보고 있으면 온갖 시름이 다 사라졌다. 저녁을 먹은 후엔 품에 안고 뜰을 거닐며 자장가를 불러주곤 했는데, 마음 가득 차오르는 행복감으로 목이 메어 2절까지 부를 수가 없었다. 신체가 자라고, 감정이 다양해지고, 지각과 언어가 발달하는 모든 과정이 그지없이 신비로웠다.

유치원 시절에 벌써 손이 두툼하여 손만 잡고 있어도 마음이 든든했다. 초·중학교 땐 공부와 담을 쌓고 살아서 속이 뒤집어지기도 했지만, 교과서에 실린 아름다운 글을 읽어주며 울먹이던 마음 고운 아이였다. 고등학교 시절엔 나와 얼굴만 마주쳐도 "엄마, 밥."이라고 해서 "내가 밥으로만 보이냐?"며 눈을 흘겨주었지만, 주는 대로 맛나게 먹고 쑥쑥 자라며 사고 한번 치지 않고 사춘기를 잘 보내주어 고마웠다.

고등학교 2학년부터는 공부를 좀 하는 척하더니 대학도 제가고 싶은 곳에 무난히 합격해 주었다. 그런 아들이라 자랄수록 든든하고 믿음직한 내 마음의 자랑이며, 기둥이었다. 그런데 아들은 왜 그런 깊은 상처를 안고 있었던 것일까?

돌이켜 생각해보면 첫 번째의 상처는 3년 터울인 둘째가 태어났을 때였던 것 같다. 온 식구의 시선은 어쩔 수 없이 갓난아기에게 쏠려, 한 몸에 받고 있던 사랑과 관심을 하루아침에 동생에게 뺏겨버렸다.

하루는 응접실에서 혼자 울고 있었다. 깜짝 놀라 안아주며 이유를 묻는 내게 눈물을 뚝뚝 떨어트리며 이렇게 말했다.

"엄마는 왜 나 먼저 낳았어? 고운이 먼저 낳지. 고운이 내 누나 하지."

우리 딴에는 아이의 마음이 서운할까 봐 동생과의 첫 대면식을 위해 백화점에서 양복까지 사 입히며 신경을 쓰느라고 했지만, 아이는 서러웠던 것이다.

아들은 넷째 며느리인 내게서 처음으로 보신 할머니의 귀한 손자라, 온 집안의 사랑과 기대를 한 몸에 받고 자랐다. 그래서 자칫 저만 아는 이기적인 아이가 되지 않을까 내심 경계하며 키웠던 내 육아 방식도 제 마음을 서운하게 했을 것 같다.

가장 결정적인 원인은 그 즈음의 나의 태도였다. 들려오는 온갖 흉흉한 이야기로 딸 가진 부모들 마음은 늘 불안하기 마련이지 않은가. 더구나 아들과는 달리 사춘기를 톡톡히 치르고 있는 딸내미를 지키고 보호하느라 내 마음과 관심은 온통 딸에게 가 있었다.

그저 밝게 잘 자라주는 것만 고마워서 아들의 사춘기를 눈치조차 채지 못한 건 아닐까. 동생이 갓 태어났을 때처럼 엄마의 관심을 동생한테 빼앗긴 아들은 내색도 못하고 혼자 외롭게 사춘기를 보낸 건 아닐까. 소외됐다고 느끼는 아들의 심정은 헤아리지도 못하고, 엄마와 한마음이 되어 동생을 지켜주기만을 바랐다. 엄마의 마음을 열어 보여주고 이해를 구하지 못한 것이 몹시 후회가 되었다. 나는 그 사건 이후 지갑의 투명 포켓에 아들의 독사진을 넣고 다니면서 지갑을 열 때마다 사진을 들여다본다.

그 아들이 장가가서 두 아이의 아빠가 되었다. 나랑 똑같이 오누이다. 자기가 겪은 아픔이 있는지라 큰 아이인 손자한테 잘 해주려고 애쓰는 게 보였다.

그런데 둘째가 갓 태어났을 무렵이었다. 우리 집에 놀러 와 있던 손자가 창밖을 쓸쓸히 바라보며 이렇게 말하는 걸 들었다.

"할아버지, 할아버지도 채린이가 더 좋아?"

남편은 1초의 망설임도 없이 손자를 안아주며 이렇게 말했다.

"아아니! 할아버지는 우현이가 언제나 일등, 첫째, 최고지!"

나도 제 아비를 안듯 아이를 꼭 안아주며 말했다. 할아버지

할머니는 우리 현이 생각만 해도 마음이 행복해진다고. 세상에서 제일 사랑하는 사람이고, 우리의 기쁨이라고.

동생이 아기이니 조금만 더 클 때까지 기다려주자고 얘기했지만, 저도 아직 네 살짜리 꼬마인데 얼마나 이해했을까. 그 옛날 응접실에서 혼자 울고 있던 어린 아들의 모습이 겹쳐져 마음이 아렸다.

손주바보

전화벨이 울렸다.
"할머니, 우리 집에 놀러 오세요."
경기도에 사는 일곱 살 먹은 외손녀였다. 할머니 안 바쁠 때 놀러가겠다고 했다. 그런데 채 2분도 지나기 전에 다시 전화가 왔다.
"할머니, 오늘은 바쁘세요?"
조금 바쁘다고 했다. 내일은 안 바쁜지 또 물었다. 내일도 바쁘다고 했다.
"할머니, 안 바쁘실 때 꼭 놀러오세요. 그땐 백 밤 자고 가세요, 백 밤. 할머니, 사랑해요!"

'사랑해요'가 가늘게 떨렸다. 내 코끝도 시큰해졌다. 어린 동생에게 엄마, 아빠의 관심을 다 빼앗기고 서러운 손녀의 마음이 전화선을 타고 진하게 전해왔다. 열 일 제치고 외손녀 보러 가기로 마음먹었다.

내게는 친손주 남매와 외손주 남매가 있다. 크나큰 축복이다. 세상에 손주만큼 사랑스러운 존재가 또 있을까! 손주들을 생각하는 것만으로도 마음이 환하게 밝아온다.

손주가 없었을 땐 몰랐다. 별로 예쁘지도 않은 손주 사진을 보여주며 끔찍이 예뻐하는 사람들을 볼 때면 손주 콩깍지가 단단히 씌었구나 생각했었다. 그런데 내가 손주를 갖고 보니 그 심정 이해 되고도 남는다. 찢어진 눈도, 빗물이 들어가게 생긴 들창코도 그리 사랑스러울 수가 없다.

사실 내 아이들은 살뜰히 보살펴주지 못했다. 일하는 엄마였기 때문이다. 아이들을 마음껏 안아주고, 아이들도 엄마를 맘껏 차지하는 건 방학이 되어야만 가능했다. 그때는 토요일도 반공일이었던 시절이라 짧았던 주말은 주말대로 바빴다. 아이들 목욕과 밀린 집안일이 산더미였기 때문이다. 그래서 우리 교사들은 보통의 엄마들이 두려워하는 방학을 손꼽아 기다렸다.

작은아이가 다섯 살 무렵 여름방학이었다. 아파트 놀이터에서 제 또래 친구와 마주서서 말씨름을 하는 것을 부엌창을 통해 보았다. 한 아이가 목을 쭉 빼고 '우리 집에 무엇 있어.' 하고 자랑하면 상대 아이도 자기 집에 무엇 있다고 자랑하는 놀이였다. 한참을 놀이하다 말문이 막힌 우리 아이가 "우리 집에 똥파리 있어."라고 하니 상대 아이도 "우리 집에도 똥파리 있어." 라고 했다. 보고 있자니 웃음이 쿡 튀어나왔다. 다시 우리 아이 차례였다.

"우리 집에 울 엄마 있어!"

집에 만날 엄마가 있는 상대 아이는 어안이 벙벙한 모양이었다. 할 말을 잊고 우리 아이 얼굴만 빤히 쳐다보았다. 우리 아이의 승리로 끝이 났지만 코끝이 찡했다. 당연한 일이 자랑거리인 우리 아이, 오늘은 기가 살아 말씨름에서 이겼지만, 엄마 없는 수많은 날들은 어떡하나. 마음이 아팠다. 나는 늘 아이들에게 미안한 엄마였다.

그 딸이 두 아이의 엄마가 되었다. 제 손으로 키워보겠다며 하던 일을 쉬고 육아에 전념하고 있다. 아이들의 마음을 잘 이해하고 의사를 존중하며 장단 맞춰 놀아주니, 두 아이 모두 유난히 엄마를 따른다. 그러나 둘째가 한창 손이 많이 가는 두 돌배기 사내아이라 엄마인 딸의 시선이 둘째에게 더 쏠릴 수밖에 없었을 것이다. 손녀의 전화를 받으며 첫째의 서러움이 고스란히 내게 전해져 마음이 아팠다.

손주들을 향한 사랑의 근원은 무엇일까. 탄생과 함께 본능처럼 찾아오는 핏줄의 이끌림인지 모른다. 혹은 놀랍도록 경이로운 성장 과정을 곁에서 낱낱이 지켜본 덕분이기도 할 것이다. 그러나 무엇보다 손주들의 말과 몸짓과 표정에서 내 어린 아들딸의 모습을 보기 때문이 아닐까.

이리저리 일정을 조정하여 며칠의 말미를 얻고 나니 마음이 바빠졌다. 입맛이 순 토종인 외손녀를 위해 무조청과 청국장과 들깨강정을 마련해야겠다. 외손녀가 엄지를 치켜세우는 할머니표 깍두기도 담가야겠다. 잠자리에서 들려줄 재미있는 이야기 보따리도 준비해야지. 아이랑 눈 맞추며 얘기 나누고, 함께 놀아주고, 함께 밥 먹고, 며칠 함께 자고 와야겠다. 넘쳐나는 에너지를 가진 아이에게 맞추느라 단 며칠 만에 파김치가 되겠지만, 허전한 손녀의 마음을 내 사랑으로 가득 채워주고 싶다. 아이의 얼굴이 꽃처럼 피어나면 나도 덩달아 행복하겠다.

사랑은 이렇게 향기처럼 번져가고, 유전되듯 세대로 이어지리라.
고부 갈등도 어쩔 수 없는 본능이 아니라
아래로 향하는 사랑의 크기에 달렸는지 모른다.

제3부

사랑의 향기

- 어느 봄날
- 사랑의 향기
- 별당아씨와 환이
- 용서
- 결승전 풍경
- 이웃사촌
- 선물
- 이웃에 진 빚
- 나는 열애 중
- 고마운 사람들
- 선생님께 올립니다

어느 봄날

햇살 따스한 오후, 친구와 함께 국숫집을 찾았다. 몇 개의 돌계단을 올라서니 잘 다듬어진 잔디밭엔 햇살이 가득히 내려앉아 있었다.

"아, 봄이다!"

저절로 탄성이 터졌다. 담장 아래엔 꽃잔디가 발갛게 꽃물을 들이고 있고, 자줏빛으로 단장한 할미꽃도 다정한 미소로 우리를 반겼다.

햇솜 같은 봄볕을 등에 받으며 할미꽃과 눈맞춤을 하는데 어디선가 아련한 향기가 코끝을 스쳤다. 주위를 둘러보니 서향

나무의 연분홍 입술이 봄볕 속으로 꽃향기를 피워 올리고 있었다. 향이 천리를 간다하여 천리향이라고도 부르는 서향나무, 그리운 첫사랑의 냄새, 나는 그 향기를 맡으며 아련한 추억 속으로 빠져들었다.

소년을 처음 만난 건 고 1의 봄, 여섯 명의 남녀 학생으로 시작된 외국인 선교사의 영어회화 수업에서였다. 해사한 얼굴에 단정한 외모와는 달리 사람을 천연덕스럽게 쳐다보는 눈 속엔 장난기가 조롱조롱 매달려 있었다. 회화 수업은 수준이 높지 않았지만 더 낮은 우리의 고만고만한 영어 실력으로 인해 폭소가 터졌다. 특히 장난기가 발동한 소년의 엉뚱한 대답이 우리들의 배꼽을 잡게 했다. 일주일에 두 번의 수업은 폭소에서 시작해서 폭소로 끝나는 유쾌한 시간이었다.

그 다음 해 여름, 교회 식구들과 함께 한 캠프는 내 생애를 통틀어 가장 가슴 설레던 순간이었다. 대학생 언니 오빠들이 주축이 되어 모든 프로그램이 진행되었기에, 우리는 그저 뛰놀기만 하면 되었다. 물놀이에, 게임에, 자투리 시간도 아끼며 포크댄스를 추었다.

저녁은 소년의 시간이었다. 거친 듯 부드러운 그의 음색이 내 마음을 마구 흔들었다.

"바닷가의 모래알처럼 수많은 사람 중에 만난 그 사람 음."

형의 기타 반주에 맞춰 형과 듀엣으로 부르는 소년의 노랫소리는 마음 깊이 새겨져 잊히지 않는 멜로디가 되었다. 파티의 마지막은 댄스 타임, 신나는 음악에 맞춰 춤을 추었는데 몸치인 나는 재빨리 어둠 속에 몸을 숨겼다. 소년을 마음껏 지켜보기 위해서였다.

밤에는 마당에 큰 멍석을 깔고 밤하늘의 무수한 별들을 바라보며 잠을 청했지만, 세 번의 밤을 거의 뜬눈으로 지샜다. 낮 동안의 즐거웠던 시간들을 반추하느라 밤이 깊어갈수록 의식은 더욱 초롱초롱해져서 좀처럼 잠을 이룰 수가 없었다. 그러나 조금도 피곤하지 않았다.

이듬해 어느 봄밤, 소년이 너무 그리워 그의 집으로 달려갔다. 소년과 좀 더 가까운 공간에 있기 위해서였다. '지금쯤 무엇을 하고 있을까.' 가만히 담장에 기대어 상상하는 것만으로도 가슴 벅차게 행복했다. 혹시 소년의 목소리가 들릴까 귀 기울이는데 코끝을 스치는 냄새, 바로 서향의 향기였다. 담장을 넘어와 내 마음을 포근히 어루만져주는 향기. 나는 오래오래 그 향기를 맡았다. 서향은 그렇게 그리운 첫사랑의 향기가 되었다.

소년은 나를 누나라고 불렀다. 동갑이었으나 내가 생일도 빠르고 한 학년 위였기 때문이다. 소년이 때로는 다정하게, 때로는 장난기 가득 "누나야!" 하고 부르면 감미로운 음악처럼 듣기 좋았다. 그 호칭은 설레는 내 마음을 숨기는 가면이 되어주기도 했다.

그해 낙엽 지던 어느 가을날, 소년은 밑도 끝도 없이 "누나야, 내가 데리러 올 때까지 기다리고 있어래이." 라는 말을 남기고 서울로 떠나고 말았다. 그 말이 무엇을 의미하는지 알았지만, 소년의 진심을 믿기엔 너무나 먼 훗날의 얘기라 현실감이 없었다.

세월이 흘러 나는 인연이 닿은 짝과 결혼을 했다. 우리 시대 여자들이 다 그러했듯 결혼과 동시에 일인 다역에 시간을 쪼개어 쓰느라 정신없이 바빴다. 힘겨운 세월에 지치고 힘들 땐 소년을 생각했다. "바닷가에 모래알처럼~" 노래를 흥얼거리며 소년으로 인해 행복에 겨웠던 나를 반추했다. 그러노라면 다시 현실을 이겨내는 힘을 얻을 수 있었다.

갓 결혼했을 무렵, 나의 결혼 소식을 들은 소년이 매우 실망하더라는 말을 전해 들었지만 그뿐, 소년이 어떤 멋진 모습의 청년으로 성장했든 알고 싶지 않았다. 내 마음 속 소년을 그 모습 그대로 영원히 간직하고 싶었기 때문이다. 그는 언제든 불러내서 만날 수 있는 나의 영원한 소년 피터 팬이다.

그리운 추억을 갖는다는 건 얼마나 행복한 일인가. 무엇과도 바꿀 수 없는 소중한 보물이며 위로다. 서향이 데려다 준 첫사랑의 추억 속에서 그리움에 잠겼던 봄날의 한낮, 햇볕도 따스하게 내 등을 어루만져주었다.

사랑의 향기

친한 동생 J로부터 목련이 봉오리 맺었다는 기별을 받았다. 한달음에 달려갔다. 기도하는 손처럼 한결같이 한 방향을 향하고 있는 순백의 꽃봉오리가 마치 이 댁 식구들의 마음 같았다. 시어머님이 병환 중이시라 경황이 없을 텐데 올해도 잊지 않고 소식을 전해준 J가 고마웠다.

J의 시어머님은 심성이 목련꽃처럼 고운 분이셨다. 젊은 시절 대식구의 큰며느리로 살면서도 남편의 친구를 몸 붙여 살게 했다. 갈 곳이 없는 사람에게 아래채를 거저 내어주어 평생을 돌봐주기도 했다. 백수하신 당신 시어머님을 끝까지 정성으로

모셨다. J는 그런 시어머님을 '부처님 가운데 도막'이라고 표현하곤 했다.

사랑이 깊은 시어머님은 두 손주를 지극한 사랑으로 거두어 주셨고, 며느리인 J가 하는 일에도 지지와 칭찬을 아끼지 않으셨다. 무엇이든 이웃과 즐겨 나누는 분이었는데, 귀한 햇부추를 씻은 듯이 간추려서 내게 내밀던 모습이 어제인 듯 생생하다. 목련 따라 간 김에 시어머님 손이라도 한번 잡아보고 싶었다. 그러나 실례가 될지도 모르겠다는 생각에 마음을 접고 아직 겉껍질에 싸인 봉오리만 한 소쿠리 따왔다.

J의 시어머님은 3년 전부터 기억이 깜빡깜빡하더니 온갖 치료에도 불구하고 병세가 점점 깊어만 갔다. 엎친 데 덮친 격으로 근무력증까지 겹쳐 일상 생활은 물론 식사도 떠먹여야 하는 지경에 이르렀다. 팔순이라는 연세가 믿기지 않을 만큼 동안인 데다가 잔병치레 하나 없이 건강하신 분이었는데 한치 앞도 알 수 없는 것이 노인의 건강인 것 같았다.

한동안 절망에 빠져있던 J의 가족은 환자의 여생을 행복하게 마무리짓게 하자는 데 마음을 모았다. 정성을 다해 돌보고 집안 분위기를 밝고 명랑하게 유지하려고 애썼다. 환자를 다정하게 쓰다듬으며 수시로 '사랑해', '사랑합니다'라며 사랑을 고백했다. 고3이면서도 가족을 도와 주말이면 할머니의 시중을 들었던 J의 아들이 대학에 진학하자, 대학에 다니던 딸이 휴학계를 내고 내려왔다. 그들은 서로에게 감사하며 격려한다. 지친 가족에겐 휴가를 주며 어려운 시간을 함께 견뎌내고 있다. 며칠 다녀간 시누이조차 요양병원을 권했지만, 힘 닿는 데까지 더 모셔보겠다고 했단다. 가족이 옆에만 있으면 방긋방긋 웃으시는 아기 같은 어머님을 차마 낯선 환경 속으로 떠나보내기가 마음 아팠던 것이다.

   J의 시어머님이 '고맙습니다'와 함께 아직도 선명하게 기억하는 말은 가족들의 이름이다. 모든 말은 다 잊었어도 사랑하는 가족의 이름만은 골수에 새긴 것일까. 내가 누구냐고 물으면 서슴없이 대답하신단다. 그것이 고마워 가족들은 가슴이 멘다. J도 시어머님을 도리 없이 입원시켜야 할 날이 올지도 모른다. 그러나 아직은 시어머님을 향한 연민이, 감사와 사랑이 힘든 상황을 이겨내는 버팀목이 되고 있는 것 같다.

   J는 저녁마다 시어머님의 몸을 씻겨드리는데 뒤도 맨손으로 닦아드린다. 신기하게도 더러운 줄 모르겠다고 했다. 몸을 못 움직이는 분을 씻어드리려니 체력이 달려 땀이 비 오듯 하지만, 자기 마음도 개운해져서 좋단다. 깨끗해진 시어머님이 목련꽃처럼 환하게 미소 짓는 모습이 예뻐서 이마에 **뽀뽀**를 해드리면 "고맙습니다." 인사를 잊지 않으신단다. 시댁과 시어머

니가 싫어서 시금치도 안 먹는다는 세상 인심 속에서 너무도 아름다운 고부간의 모습에 코끝이 시큰해졌다.

　산들바람에 샛노랗게 익은 목련꽃차를 유리 다관에 넣고 뜨거운 물을 부었다. 목련의 자태만큼이나 고운 가족의 모습에서 목련향보다 깊은 가족 사랑이 향기가 되어 피어오른다.

　사랑도 목련꽃 향기처럼 주위를 물들이며 퍼져나가는 게 아닐까. 시어머님의 큰 사랑이 며느리인 J에게 향기로 닿아 효성스러운 며느리가 되게 했다. 그런 엄마를 보고 자란 J의 딸은 또 누군가의 착한 며느리가 될 것이다. J의 어머님이 그러했듯 J 또한 며느리를 사랑하는 시어머니가 되고, 그 사랑은 다시 J의 며느리에게로 이어지지 않겠는가. 사랑은 이렇게 향기처럼 번져가고, 유전되듯 세대로 이어지리라. 고부간의 갈등도 어쩔 수 없는 본능이 아니라 아래로 향하는 사랑의 크기에 달렸는지 모른다.

　나는 얼마나 큰 사랑을 며느리에게 베풀며 살아왔는지, 얼마나 며느리의 사랑을 받을 자격이 있는지 생각해보니 별로 자신이 없다. 사랑받기만 좋아하는 자신을 돌아보며 뜨거운 차를 서둘러 마신다. 목이 뜨끔하다.

별당아씨와 환이

 산들 봄바람을 타고 진달래 꽃소식이 날아들었다. 열일 제쳐두고 진달래를 보러 갔다. 진달래는 생김새가 빼어나게 아름답지도, 향기가 매혹적이지도 않다. 그러나 박경리의 대하소설 '토지'를 읽은 후부터 내겐 그리운 꽃이 되었다. 통도사 축서암에서 비로암 가는 산길로 접어드니 여기저기서 진달래가 고개를 내밀고 있었다. 별당아씨를 만난 듯 반가웠다.
 "진달래꽃을 따서 화전을 만들어 당신께 드리고 싶어요."
 별당아씨가 환이에게 한 말이다. 진달래가 피는 봄까지만이라도 함께 살고 싶은 염원이 담긴 말이 아니었을까. 그러나 그녀는 봄이 오기엔 아직도 멀기만 한 어느 가을날 꽃잎처럼 지고 만다.

　김환은 최치수의 어머니 윤 씨 부인이 불공을 드리러 간 절에서 동학군 장수에게 겁탈당하여 태어난다. 아버지가 효수당하자 구천이라 변성명하고 최 참판댁 머슴으로 들어온다. 별당아씨는 최치수의 아내로, 별당이라는 좁은 공간 속에서 남편으로부터 외면당한 채 외롭게 살아간다. 최 참판댁 당주인 최치수는 만석꾼의 대지주로 자의식이 강하고 냉소적인 사람이며, 한때 방탕한 생활로 성불구가 된다. 환은 형수뻘 되는 별당아씨를 사모하여 몹시 괴로워하다 함께 지리산으로 야반도주한다. 최치수는 호랑이 잡는 포수를 앞세워 그들을 뒤쫓지만, 발견한 순간 머슴의 방해로 놓치고 만다.

　양반으로서의 체통과 주위의 시선에 떠밀려 총을 들고 나섰지만, 정작 두 사람을 해할 생각은 처음부터 없었던 듯하다. 여기저기 소문을 퍼뜨린 후에야 추적에 나섰고, 하필 환이를 따르는 머슴을 대동했다. 놓쳤을 때도 감정의 동요를 보이지 않았던 점도 이를 뒷받침하고 있다. 그 까닭은 무엇일까? 도무지 곁을 주지 않았던 아내에 대한 미안함과 연민, 환이 피를 나눠 가진 형제일지도 모른다는 생각, 어머니에 대한 자식된 도리 같은 것이 아니었을까? 혹은 두 사람이 죽었다고 믿게 함으로

써 불미스런 소문의 꼬리를 자르고, 사람들의 시선과 관심에서 두 사람을 놓여나게 하고 싶었던 배려였을까?

그러나 곱게만 살아온 별당아씨는 풍찬 노숙의 거친 생활로 인해 병이 들어 시름시름 앓다가 묘향산 깊은 산속 오두막에서 숨을 거둔다.

"당신께 드리고 싶어요, 당신께 드리고 싶어요, 당신께, 싶어요, 싶어요, 싶어요, 싶어요……."

별당아씨가 남긴 말이 환에게 환청처럼 들리고 환은 가슴을 치며 울부짖는다. 남의 아내, 그것도 천륜을 어긴 사랑이라 지탄 받아 마땅하지만, 그렇기 때문에 더욱 아픈 그들의 사랑이 애달파 나도 마음으로 울었다.

그들이 정말 살고자 도망쳤을까? 단 며칠이라도 함께 있을 수만 있다면 죽어도 좋다고 생각하지 않았을까? 죽음조차 두렵지 않은 절절한 사랑, 그것이 어떤 것인지 그저 짐작만 할 뿐이지만, 사랑의 이름으로 저질러지는 온갖 어리석은 행동들을 다 이해할 수 있을 것 같다.

그러나 사랑의 열병을 앓은 경험이 사람을 한층 성숙하게 만드는 걸까. 전국을 떠돌며 방황하던 환은 독립운동가가 되어 더 큰 사랑을 실천한다. 환이 뿐만 아니라 '토지'에 나오는 수많은 인물들 중에서 진실한 사랑을 경험한 사람들이 화가의 길을 걷고, 글을 쓰고, 독립을 위해 투신하고, 누군가를 위해 헌신한다. 이런 보이지 않는 힘들이 모여 세상을 변화시킨다. 소설 '토지'는 사랑이야말로 창조의 원천이고, 세상을 이끄는 원동력임을 말하고 있는 듯하다.

환이 별당아씨를 업고 도망가던 지리산 골짜기가 이랬을까. 노송 우거진 사이로 난 오솔길이 그림처럼 아름다운데, 암회색 바위에 기대어 핀 진달래의 분홍빛이 선연하다. 꽃빛에 이끌려 가까이 다가간다. 그들의 못 다한 사랑이 한으로 맺힌 듯 보라가 스민 진분홍 꽃잎이 스쳐 지나가는 바람에 살짝 흔들린다. 손으로 받치고 들여다보니 손가락이 비칠 만큼 투명하다.

"진달래꽃을 따서 화전을 만들어 당신께……."

별당아씨의 목소리가 환청처럼 들린다.

용서

오늘의 복음 핵심은 용서였다. 죄지은 형제를 일흔일곱 번이라도 용서하라는 말씀이다. 당시 7은 완전을 나타내는 수였다니, 끝없이 용서하라는 말이 된다. 그게 어디 쉬운 일인가. 도저히 불가능한 일을 하라고 하신다고 생각했다. 그런데 예수님께서 이어서 하신 '매정한 종의 비유'를 읽으며 말씀의 뜻을 헤아릴 수 있었다. 하느님으로부터 모든 죄를 탕감 받고 새 생명까지 얻은 것에 비한다면 용서 못할 죄가 무엇이겠는가. 하느님이 보시기에 별것도 아닌 작은 잘못을 용서 못하는 인간들이 참 안타까우시겠다는 생각이 들었다. 더구나 사랑 그 자체이신

분이시니 서로 용서하고 사랑하며 살아가길 간절히 바라는 마음에서 하신 말씀인 것 같았다.

이 날 신부님의 강론 요지는 '용서의 기쁨'이었다. 그 예로 어린 시절의 추억 한 도막을 들려 주셨다. 추운 겨울, 어머니가 그리도 말리는 스케이트를 타러 개울로 갔었단다. 신나게 달리다가 그만 얼음 구덩이에 빠지고 말았다. 흔적을 지우려 모닥불을 피워 말리다 옷까지 태워버렸다.

해가 기울고 날은 점점 추워졌다. 맞아죽을 각오를 하고 집으로 돌아가, 다시는 안 타겠노라며 어머니 앞에서 스케이트를 패대기쳐 부숴버렸다. 그러자 어머니께서 허허 웃으시며 추우니 어서 방에 들어가 몸을 녹이라고 하셨다. 몽둥이 세례는 없었다. 용서를 받은 것이었다. 그날의 기쁨이 사십여 년이 지난 오늘까지 가슴에 남아있단다. 그 말씀을 들으니 불현듯 먼 기억 하나가 내 머리를 스쳤다.

이십여 년 전, 가을이 오는 길목이었다. 풀벌레들의 노랫소리가 몹시 듣고 싶었다. 그래서 남편을 조르고 졸라 텐트를 짐 지워 금정산성 북문에 올랐다. 벌써 몇몇의 텐트들이 자리 잡고 있었다. 우리도 적당한 곳에 텐트를 치고 간단하게 저녁을 해결한 후 산책에 나섰다. 하나 둘 돋아나는 별들이 정다웠고, 살갖을 간지럽히는 바람은 더없이 상쾌했다. 또르르르 쓰르르르 애잔한 듯 외로운 듯 즐거운 듯 사방에서 들려오는 벌레들의 합창에 귀 기울이며 한참을 걸었다. 벌레들은 어쩌면 이 여름이 가기 전 제 짝을 찾아 맡겨진 소임을 다 하려고 혼신의 힘을 기울이고 있는 것인지도 모른다. 그러나 그들의 하모니를 듣는 나는 즐겁기만 했다.

문득 그가 생각났다. 같은 성당 교우인데, 자영업을 하다가 망해서 어린 딸 셋을 데리고 길가에 나앉게 되었다는 가장이었다. 가진 돈이 없으니 어쩔 수가 없지 않겠냐고 애써 모른 척했었는데, 왜 그날 그 시각에 그가 떠올랐는지 알 수 없었다. 나는 조심스럽게 그 얘길 남편한테 꺼냈고, 남편이 대출을 받아 빌려주기로 의견을 모았다. 공무원이라 무담보 대출이 가능했기 때문이다. 나는 더없이 행복해진 마음으로 잠자리에 들었다.

다음 날 산에서 내려오자마자 그를 만나, 오 년 동안 원리금을 상환하는 조건으로 제법 큰 돈을 대출 받아 주었다. 그는 그 돈으로 가정집 한 채를 전세 내어 일층은 식당으로, 이층은 살림집으로 꾸몄다. 전세 계약도 굳이 남편 이름으로 하자고 해서 남편이 직접 계약서도 썼다.

그러나 채 반년도 지나기 전에 입금되어야 할 돈이 안 들어오기 시작했다. 남편은 월급날이면 반이 툭 잘려나간 봉투를 들고, 얇아진 봉투만큼 볼이 부어 들어왔다. '왜 안 주지? 언제 주려나? 어쩌겠다는 거지?' 속이 타 들어갔다. 괜한 일을 저질렀구나 싶어 후회도 되었다. 급기야 그들이 식당을 접고 이사를 갔다는 소문이 들렸다. 우리에겐 일언반구 의논이나 양해 한 마디 없었다. 남편 손 빌리지 않고 전세금을 어떻게 받아냈는지 모를 일이었다.

생각할수록 배신감이 느껴졌고, 괘씸한 생각이 들었다. 그러나 사람을 미워하는 것은 엄청난 에너지가 소모되는 일이었다. 지치고 힘이 들어 더 이상 견딜 수가 없었다. 우선 나부터 살고 봐야 했다. 사실 받아낼 희망도 별로 없어보였다. 이 고통으로부터 벗어나려면 완전히 포기하는 방법밖에 없겠다는 결론에 이른 어느 날, 나는 가면 하나를 쓰고 그의 아내를 만났다.

"형님, 걱정 마셔요. 우리 그 돈 없어도 사는 데 별 지장 없습니다. 하늘에다 저금했다 생각할게요. 그러니 갚을 생각 마시고 편히 사세요."

십년 체증이 내려간 듯 홀가분했다. 그의 아내는 눈물을 흘리며 고맙다고 했다. 나와 우리 가족을 위해서 날마다 기도하겠다고도 했다. 나도 그것으로 충분하다고 했다. 그리고 잊었다.

그로부터 십여 년이 흐른 후 이런 저런 사정으로 시골로 이사를 왔다. 속지주의를 따르는 교회법에 따라 교적도 옮겼다. 그런데 이듬해 본당 하나가 신설되면서 또다시 신설 본당으로 편입되었다. 성당을 지을 일이 시급했다. 교구에서 성당 지을 땅도 사주고 건축비도 보태주었지만, 그것만으로는 부족했다. 그래서 저마다 형편 닿는 대로 건축 헌금을 내기로 했다. 우리도 얼마만큼을 봉헌하기로 금액을 정했다. 그러나 당장 수중에 돈이 없었다. 어떻게 마련해야 하나 이리저리 궁리하고 있을 때였다. 돈을 빌려주었던 그들로부터 전화가 왔다. 한번 만나자는 것이었다. 직감적으로 돈을 좀 갚으려나보다 싶었다. 이미 오래 전에 받기를 포기한 돈이니, 십만 원을 주든 이십만 원을 주든 감사히 받자고 남편과 다짐하고 약속 장소로 갔다.

   예상은 적중했다. 그런데 그 액수에 그만 깜짝 놀라고 말았다. 우리가 건축헌금으로 작정한 딱 그 액수였다. 우리 돈을 반이라도 갚으려고 적금을 들었는데, 만기 한 달을 앞두고 해약해서 찾아왔다는 것이었다. 눈도 안 깜빡거렸는데 내 두 눈에서 비늘이 벗겨지듯 눈물이 뚝뚝 떨어졌다. 돈이 생겼다는 것보다 더 기뻤던 것은 하느님께서 내가 한 말을 기억하고 계신다는 사실이었다. 환희심이란 바로 이런 것이구나 싶었다. 다음으로 든 생각은 하늘을 두고 함부로 맹세해선 안 되겠구나 하는 두려움이었다. 그의 아내와 나는 손을 마주 잡은 채 서로에게 감사하며 한참이나 눈물을 흘렸다. 우리 딸의 결혼식 날이 임박한 줄 잘못 알고 적금을 급히 해약해서 들고 온 것이었지만, 아무튼 그 날의 기쁨은 너무나 컸다.

또한 감사한 일은 그들이 이젠 걱정 없이 잘 살고 있다는 사실이었다. 차렸던 식당 일이 잘 되지 않아 문을 닫고, 사는 일이 막막해지니 몸도 여기저기 병이 들더란다. 중학생이던 딸아이도 원인 모를 병으로 1년을 휴학하며 병치레를 했었단다.

그런데 나의 말이 너무나 감사해서 다시 힘을 내서 살게 되었고, 건강도 점점 회복되었단다. 딸도 복학을 해서 중학교를 잘 마쳤고, 대학까지 졸업해서 괜찮은 직장에 다니고 있다고 했다. 그 또한 참 기쁜 소식이었다.

또 다시 10년이 흐른 오늘, 신부님 강론을 들으며 불현듯 깨달았다. 그날의 그 기쁨의 원인에는 내가 미처 몰랐던 또 하나의 이유가 더 있었다는 것을. 그것은 바로 내가 용서받았다는 사실이었다. 그때까지 내가 그들을 용서한 줄로만 알았다. 그러나 잊고 있었을 뿐 그들을 결코 용서한 건 아니었다. 내 잠재의식의 밑바닥에는 그들에 대한 원망이 앙금처럼 가라앉아 있었던 것이다.

그것은 일종의 죄의식이기도 했던 것 같다. 그런데 그들이 돈을 내미는 순간, 나로부터 용서를 받았다고 믿는 그들로 인해 내가 용서받은 것이었다. 내가 썼던 거짓의 가면이 용서받았고, 나도 나를 용서함으로써 죄의식으로부터 벗어났던 것이다. 그럼으로 해서 애써 망각 속에 묻으려 했던 그들에 대한 기억은 그때로부터 행복한 추억이 되었다.

나도 그날의 용서의 기쁨 덕분으로 조금 더 너그러운 사람으로 변모되었을까? 잘은 모르겠지만 아주 조금쯤은 남을 이해하고 용서하는 마음이 자란 것 같다. 성경은 어쩌면 나를 위해 남을 용서하라고 가르치는 것인지도 모르겠다. 어쨌든 거짓으로 한 용서도 미쁘게 쓰신 주님께 감사드린다. 용서는 용서를 낳았다. 그 용서는 물결처럼 동심원을 그리며 번져가고 있으리라. 기쁨 가득한 날이다.

결승전 풍경

　코로나로 모든 공연이 취소되고 거리에도 인적이 드문 때였다. TV에서 보이스킹 결승전을 보았다. 말 그대로 남성 가창력의 고수를 뽑는 경연 프로그램이었다. 80여 명의 일반인, 무명가수, 스타 가수가 3개월간의 대장정을 거쳐 마지막 세 명으로 압축되었다. 세 명 중 두 명은 누구나 다 아는 이, 삼십 년 경력의 유명 가수이고, 한 명은 처음 보는 인물이었는데 알고 보니 데뷔 20년 차인 무명가수라고 했다. 주어진 주제는 '가족'이었다.

　가장 먼저 노래를 부른 이는 무명가수로 곡목은 '가족사진'

이었다. 7년여의 투병 생활 끝에 하늘나라로 가신 어머니와, 집에서 자신을 응원하고 계실 아버지께 들려드리고 싶은 노래라고 했다. 가수의 길을 적극 지지해주신 어머니께서 기쁘게 보고 계실 것이라며 노래를 시작했다. 잔잔한 기타 반주와 함께 배경으로 깔리는 가수의 가족사진들이 세상 일 모르던 내 어린 시절의 흑백 사진과 오버랩 되며 아련한 그리움 속으로 빠져들었다.

가사의 내용은 따뜻하고 아름다웠다. 빛 바랜 어릴 적 가족사진을 바라보며 가족이 얼마나 소중한지를 새삼 깨닫고, 부모님의 사랑에 보답하는 자식이 되겠다는 의미가 담긴 노래였다.

듣기 편안한 음색에 시원한 고음까지 갖춰 진정성 있게 부르는 노래는 가사 하나하나가 살아서 마음을 흔들었다. 무엇보다 감정을 과잉으로 표출하거나 무리한 기교를 부리지 않고 담담하게 불러서 좋았다. 나머지 두 고수들도 남다른 창법과 뛰어난 가창력으로 평가단과 경연 참가자들의 엄청난 환호와 손뼉을 받았다. 도저히 우열을 가리기가 어려웠다. 누가 우승을 하더라도 이상하지 않을 상황이었다. 그래도 무명가수에게 자꾸만 마음이 갔다. 가장 깊은 여운을 주었기 때문이었다.

드디어 발표의 순간, 내 바람대로 무명가수가 우승을 했다. 그는 너무 놀라워하며 한순간 말을 잊었다. 무릎이 꺾이는가

싶더니, 대선배들을 제치고 자신이 우승한 것에 대해 '죄송합니다.'를 연발하며 고개를 들지 못했다. 2, 3위를 한 고수들은 활짝 웃으며 우승자를 얼싸안고 축하해 주었다. 참 아름다운 광경이었다.

2, 3위의 소감 또한 감동을 주었다. 무대에서 마음껏 노래할 수 있게 해주어서 제작진과 모든 스텝들에게 깊은 감사를 드린다고 했다. 가수로서 살아갈 힘을 얻었다며 그 힘으로 다시 한 번 힘차게 도전해 보겠다고도 했다. 경연은 그들에게 앞이 보이지 않는 터널 속에서 한 줄기 빛이 되어준 듯했다. 후배들에게 자리를 양보하지 왜 유명가수가 이 경연에 참가했는지 의아했었는데 나의 짧은 소견이었다. 그들의 절실했던 마음에 깊이 공감되었다.

그들에게 노래는 취미 활동이 아니다. 생계이고, 존재 의미이며 자부심이지 않은가. 모든 공연이 취소된 1년 반 동안 얼마나 무대가 절실하고 그리웠을까. 그들은 자신에게 붙은 모든 수식어와 관록들을 다 떼어내고 벌거벗은 몸으로 심판대에 선 것이었다. 무명가수, 심지어 일반인까지 참여하는 경연에 나서기까지 엄청난 용기가 필요했을 것이다.

경연의 모든 참가자들은 마지막 축하곡을 우승자와 함께 부르며 한 덩어리가 되어 환호했다. 수많은 관중의 박수갈채를 받으며 무대에 섰던 그들이 객석이 텅 빈 무대에서 노래했음에도 감사하고 기뻐하는 모습을 보며 마음 한편이 짠했다.

마스크를 벗어던지고 거리를 활보하고, 사람과 사람이 만나고, 가수들이 수백 수천의 관객 앞에서 마음껏 노래할 날이 언제쯤 올까. 그날이 오면 나도 무대 위의 가수들처럼 얼싸안고 환호하리라.

이웃사촌

 '밥 한번 먹자'는 뻔한 거짓말이다. 그러나 진심이 담긴다면 이보다 더 다정한 인사말도 없다. 친밀감이나 호감의 표시이고 가까운 이웃이 되고 싶다는 마음의 표현이다.
 산골에서 여러 해를 사는 동안 이웃들과 많은 음식을 나누었다. 주로 컨테이너에 임시 거처를 마련하고 주말농장으로 이용했으므로 울도 담도 없었다. 엎드려 일하다가 고개만 들어도 이웃과 눈이 마주쳤고, 주먹나팔 소리 한 번에 대여섯 집은 부를 수 있었다.
 도시 생활에 지쳐 시골로 들어온 동류의식 때문일까, 맑은 공기를 마시며 흙을 만지는 일이 마음을 순화시킨 덕분일까. 만나면 반가웠고, 서로 앞다투어 이웃을 초대했다. 텃밭에 지천인 채소들로 전을 부쳐 먹었고, 뜨거운 한낮엔 국수를 삶거나 수제비를 떠서 개울에 발 담그고 먹었다. 수박이 차가워졌다고, 닭을 잡았다고, 콩국수를 만들었다고 서로를 불렀다. 흙 묻은 옷 그대로 달려가서 평상에 앉아 격의 없이 나누는 음식은 달았고 자리는 유쾌했다.

함께 먹는 밥의 횟수가 늘어나면서 우리는 점점 가까운 이웃사촌이 되어갔다. 음식을 나누듯이 서로 속내도 털어놓고 기쁨과 슬픔까지 공유하다보니 깍듯하던 사이에서 형님, 아우 하는 스스럼없는 사이로 발전했다. 좋은 계절엔 가벼운 여행도 함께 다녔다. 사람을 골라서 사귄 것이 아니다. 그저 이웃해 살며 경계가 없는 땅에서 얼굴 마주보고 산 세월 덕분이다.

한 집 두 집 논밭을 택지로 바꾸고 집을 지어 입주하자, 오히려 컨테이너 시절보다 이웃과의 교류가 뜸해졌다. 집이 사람들을 안으로 불러들였고, 닫혀버린 문이 사람 사이의 소통을 막아버렸다. 문을 열고 들어서는 것은 양쪽 모두에게 약간의 격식이 필요한 일이라 무시로 드나들기가 조심스러웠다.

우리는 컨테이너 시절을 그리워하기 시작했다. 궁리 끝에 한 달에 한 번이라도 함께 밥을 먹자는 데 모두 동의했다. 다섯 부부의 모임이 만들어졌고, 주로 음식점에서 만났다.

　우리 부부는 더 이상 땅을 건사하기가 힘겨워져 14년을 살던 산골마을에서 가까운 아파트로 이사 나왔다. 그래도 마음 속엔 그들이 여전히 우리의 이웃이고, 그들 또한 우리를 이웃으로 여겨주었다.

　아파트는 옆집과의 거리가 한 뼘 남짓의 벽 하나로 붙어있다. 그러나 이사 온 지 2년이 넘도록 이웃이 없다. 각자 닫힌 공간에서 사는 탓에 좀체 친해지지 않는다. 사회가 점점 각박해져가는 가장 큰 이유도 주거 형태의 변화에 있지 않을까.

　지난 주말엔 모임 중 한 이웃이 늙은 호박으로 죽을 끓여놓고 네 부부를 초대했다. 늙은 호박은 딱딱해진 껍질을 벗기기부터 쉬운 일이 아니다. 죽을 끓일 때도 긴 주걱으로 계속 저어주어야 눌어붙지 않는다. 걸쭉한 죽을 젓노라면 팔도 아프지만 죽이 퍽퍽 튀어 올라 손을 데기가 십상이다. 그럼에도 기꺼이 죽을 끓여 대접하다니 감동이 일었다.

　안주인의 예사롭지 않은 음식 솜씨로 은행과 밤까지 까 넣어 끓인 영양죽은 별미 중의 별미였다. 멍게젓, 열무김치 같은 밑반찬도 호박죽과 잘 어울렸다. 만난 반가움에 함께 먹는 즐거움이 더해져 모두 죽 그릇을 싹싹 비웠다. 식사 후엔 너도나도 챙겨 온 다과로 후식을 나누었다. 대화는 넘쳐났고, 누가 한 마디만 해도 와르르 웃음이 쏟아졌다. 호박죽 같은 달콤한 유대감이 우리를 감쌌다. 가슴 밑바닥에서부터 행복감이 차올랐다.

　대화 도중 한 부부가 단풍이 곱게 물들 때쯤 자신들도 식사 초대를 하고 싶다고 했다. 정원의 화살나무가 가을 내내 화사한 불꽃으로 타오르는 집이었다. 우리는 조만간에 다시 만나 함께 밥 먹을 기쁨으로 손뼉을 치며 환호했다. 그날엔 우리들의 마음도 단풍빛으로 곱게 물들 것이다.

　시간 가는 줄 모르고 웃고 떠들다가 자리에서 일어섰을 땐 남은 죽을 한 그릇씩 안겨주었다. 따스한 온기와 함께. 다음 모임이 차례를 기다리고 있음에도 헤어지기 섭섭해 작별인사가 악수와 포옹으로 길게 이어졌다. 함께 살아온 세월의 두께만큼 한 걸음씩 가까이 다가앉은 우리는 이제 손 내밀면 닿을 만한 가까운 거리의 이웃이 되었다. 집으로 돌아오는 길 차창으로 들어오는 바람이 상쾌했다.

선물

크리스마스를 며칠 앞둔 어느 날, A4 용지 크기만 한 소포 상자가 왔다. 수신인은 남편인데 발신자가 없다. 들어보니 가볍다. 남편이 가끔 주문하는 골프공도, 내가 가끔 주문하는 책도 아니다. 뭘까? 혹시 남편이 내게 줄 크리스마스 선물일까? 김칫국부터 마셔봤지만 역시나였다. 상자 속엔 남자용 까만 가죽 허리띠가 은은한 광택을 뿜으며 들어있었다. 검회색의 테두리 안에 흑갈색 체크 무늬가 새겨진 버클도 꽤 멋있어 보였다. 남편은 주문한 적이 없다고 했다.

가장 심증이 가는 아들한테 먼저 전화를 넣어보았더니 짐작한 대로였다. 며칠 전 손자 생일날, 케이크와 작은 선물을 마련해서 아들 집에 다녀왔었다. 그때 보니 아버지의 허리띠가 너무 낡았더란다. 아들의 자상한 마음 씀씀이에 가슴이 뭉클했다. 아들 키가 새삼 커보였던 옛일이 불현듯 떠올랐다.

이십여 년 전, 아들이 대학 다닐 때의 일이다. 아이들 어릴 때는 그런대로 살 만하던 집이 덩치가 커지자 숨이 막혔다. 그래서 어렵게 큰 평수의 아파트를 계약했다. 그런데 남편이 사고를 쳤다. 또다시 손대기만 하면 이혼할 거라고 협박까지 했던 그 망할놈의 주식에 빚까지 내어 쑤셔박은 것이었다. 한때 대한민국을 거세게 휩쓸었던 주식 투자의 물결에 편승하여 띄운 가랑잎배가 여지없이 좌초되고 말았다. 큰 아파트의 꿈은 산산조각 나버렸다. 기가 막혔다. 틈만 나면 눈물이 났다.

엄마가 심상치 않음을 눈치 챈 아들이 어느 날 조용히 내게 물었다.

"엄마, 무슨 일 있지요?"

또 왈칵 눈물이 쏟아졌다. 어릴 때는 아빠를 존경하는 아들로 키우고자 거짓말로 갖은 허물을 감춰줬었다. 그러나 이제 아들도 사리 분별할 만큼 나이를 먹지 않았나. 미주알고주알 다 일러바쳤다. 내심 아들로부터 위로받고 싶기도 했다. 다 듣고 나더니 아들이 물었다.

"이 집도 내 놔야 됩니까?"

그 정도는 아니지만 너 장가갈 때 집 하나 장만해 주기 글렀다고 했다. 아들은 그러면 됐다고 했다. 그건 전혀 상관없다고 했다. 비방이나 원망 따위는 없었다. 나는 속으로 '참 잘 자라줬구나!' 하고 생각했다. 내 편을 들어주지 않았지만 하나도 원망스럽지 않았다. 오히려 아들의 키가 더 커 보이고 새삼 든든하기까지 했다. 그러면 됐다는 아들의 말이 크나큰 위로가 되어 서서히 눈물 바가지로부터 벗어났다.

아버지의 골프 사랑을 익히 아는 아들이 육순 선물로 골프채 일습을 사 드리더니, 칠순엔 한층 업그레이드 된 골프채를 또 선물했다. 초등학교 수학여행 때 사다 준 나무주걱에 새긴 '엄마, 아빠 사랑해요.'는 아직도 내 방에 걸려있다. 성화가 그려진 양초 한 쌍도, 지압 실내화도, 분홍색의 예쁘장한 아령도 아들이 슬쩍 두고 간 선물이다. 괜찮다고, 엄마는 필요 없다고 암만 손사래를 쳐도, 인턴의 박봉을 털어 기어이 김치냉장고를 안겨준 것도 아들이고, 백내장 수술할 때 고가의 다초점 렌즈를 끼워 주어 깨알 글씨도 볼 수 있게 해 준 것도 아들이다. 평소 다정다감한 행동은 못하지만 이렇게 툭툭 사람을 감동시킨다.

"엄마, 인자부터는 내가 엄마 아들이 아니고, 며느리의 남편인 기라요."

십여 년 전, 결혼을 앞둔 어느 날 요렇게 엄마 가슴에 대못을 박았지만, 표현하지 않은 속뜻을 어찌 모르랴. 한 가정의 가장으로서 책임을 다하고자 하는 각오이며, 부모에 대한 죄송함이며, 새 식구와 잘 화합하길 바라는 소망이라는 것을.

아들이 결혼한 후 일 년쯤 지났을까. 며느리로부터 문자 한 통을 받았다.

"어머니, 다니엘을 이렇게 따뜻하고 멋진 사람으로 키워주셔서 감사합니다!"

내 인생의 가장 큰 선물은 아들이다. 내가 어찌 남편을 미워하랴. 이런 아들의 아버지인 것을. 남편이 한 번씩 속을 뒤집을 때마다 소중한 자식들의 아버지라는 사실이 언제나 내 발목을 잡는다.

이웃에 진 빚

　저녁을 먹고 선반 위의 과일 접시를 꺼내려던 남편의 오른손이 힘없이 툭 떨어졌다. 병원에 근무하는 아들에게 전화했더니 당장 대학병원 응급실로 가라고 했다. 순간 서늘한 기운이 가슴을 훑고 지나갔으나, 남편의 목 디스크 탓이겠거니 가볍게 여겼다. 지갑 하나만 달랑 들고 병원을 찾았다.
　뇌신경과 의사는 문진과 채혈 등 기본적인 검사와 경동맥 초음파검사가 끝나자마자 남편을 환자용 침대에 눕히고 커다란 링거액을 달더니 꼼짝도 못하게 했다. 허혈성 뇌졸중이라고 했다. 그제야 병의 심각성이 느껴져 가슴이 덜컥 내려앉았다. 더

정밀한 진단과 치료를 위해 서둘러 입원 절차를 밟았다.

집으로 돌아와 입원 준비를 대충해서 다시 병원에 간 시각이 새벽 2시였다. 병실을 배정받고 나서 남편 침대를 따라 심뇌혈관 병실에 들어섰다. 적막과 고요만이 가득한 한밤중인데 침대를 끌어다 준 직원이 전등 스위치를 올려 불을 환하게 밝히며 큰소리로 외쳤다.

"환자 들어왔습니다."

곤히 잠들었을 환자들을 다 깨운 것 같아 마음이 송구하고 불편했다. 침대 자리를 잡느라 덜커덕거리는 소리도 몹시 신경쓰였다.

대용량 링거액을 빠르게 흘려보내며 소변 양을 계속 측정하느라 거의 뜬눈으로 밤을 지새우며 아침을 맞았다. 같은 방의 입원 환자들과 보호자들께 밤잠을 설치게 해서 미안하다고 사과부터 했다.

"우리는 아무 소리도 못 들었심더. 잠만 잘 잤습니더."

그들은 하얀 거짓말로 나의 죄송한 마음을 감싸주었다.

같은 병실의 환자들도 뇌졸중 증상으로 스텐트 시술이나 뇌수술을 받고 회복기에 있거나, 남편처럼 검사 중인 사람들이었다. 동병상련의 마음에서일까. 모두 내 일처럼 남편을 걱정하며 용기를 북돋워 주었다. 불안과 초조로 굳어있던 마음이 진정성이 느껴지는 따뜻한 위로에 스르르 녹아내렸다. 혼자가 아니라는 사실도 큰 위로가 되었다.

 같은 병을 앓고 있다는 동류의식이 서로의 거리를 단번에 좁혀주어 우리는 가까운 이웃이 되어갔다. 가족이나 친지들이 가져다 준 반찬도 나눠먹으니 매끼마다 병원 밥이 성찬이 되었다. 저녁을 먹은 후 허심탄회하게 나누는 대화는 낮 동안의 힘든 치료나 검사 과정을 잊게 해 주었다.

 뇌 CT, MRI, MRA, 혈관조영술, 뇌 혈류검사 등 수많은 검사 결과 남편의 왼쪽 경동맥에 문제가 있음이 드러났다. 뇌로 뻗어가야 할 혈관이 목과 머리와의 경계에서 완전히 사라지고 없었다. 수십 년에 걸쳐서 모세혈관부터 서서히 말라들어가며 일어난 일이라 했다. 이 정도면 증상이 심각한 상태여야 함에도 별 불편 없이 살아온 것은, 오른쪽 경동맥에서 뻗어나간 혈관이 왼쪽 뇌쪽으로 웃자라서 혈액 공급을 도와주고 있기 때문이라고 했다. 인체가 하나의 소우주라더니 참으로 신비했다. 그러나 좌뇌의 혈류량이 충분하지는 않았다. 좌뇌와 우뇌의 색깔이 현저히 차이가 났다. MRA검사에서 뇌혈관이 좁아진 부분도 발견되었다. 주치의는 금주와 금연, 특히 금연할 것을 강하게 권고하며 우선 약물치료부터 시작해 보자고 했다.

 뇌졸중의 전조증상은 막힌 뇌의 부위에 따라 다르다. 남편과 같이 한 쪽 팔다리의 마비 증상이나 감각의 둔화로 나타나기도 하고, 갑작스런 두통과 구토, 시력 장애, 언어 장애 등으로도 나타나기도 한다. 몸이 보내는 이러한 신호들을 알아차리고 즉시 병원에 가서 처치를 받아야 위급한 상황이나 뇌 손상을 막을 수 있다. 남편도 3년쯤 전에 한 쪽 다리가 휘청하면서 넘어질 뻔했던 적이 있었다. 과음한 탓이겠거니 가볍게 여기고 넘겼던 것이 후회되었다. 그때 병원을 바로 찾았더라면 뇌혈관의 손상을 조금 줄였을지 모른다.

 모든 이동을 휠체어로 하며 약물치료와 운동치료를 병행한 지 일주일이 지나자 팔다리의 일시적 마비 증상이 거의 사라졌다. 몸을 움직이기 전 가벼운 준비운동이 필요하고 경사길 걷기가 아직 불편하나, 입원 당시에 비해 많이 호전되었다. 혈관을 잇는 뇌수술까지 가지 않아 천만다행이었다.

 11일간의 병원생활을 마치고 퇴원하는 날, 병실 식구들이 진심으로 축하하며 병실 밖까지 나와서 배웅해 주었다. 한 부부와는 휴대폰 번호를 서로 교환하며 연을 이어가자고 약속했다.

 남편이 힘든 검사와 치료 과정을 잘 이겨낸 것도, 내가 간병을 밝은 모습으로 해낼 수 있었던 것도 마음을 나누었던 병실의 환자와 보호자들, 정성으로 맛난 반찬 만들어준 지인들, 만류를 무릅쓰고 문병을 다녀간 친구들, 간병을 자처한 자식들 덕분이다.

　순탄하기만 한 생이 어디 있으랴. 더러는 느닷없이 폭풍우를 만나기도 한다. 그러나 함께 바람막이가 되어주는 손길이 있어 다시 살아갈 힘을 얻는 것이 아닐까. 이웃이 있음은 크나큰 축복이다.

　퇴원한 지 보름 남짓, 남편은 이전과는 다른 조심스런 삶에 잘 적응하며 지내고 있다. 술과 담배를 완전히 끊었다. 음식을 가려 먹고 운동도 열심히 하고 있다. 여전히 보내오는 이웃들의 관심과 응원 덕분이다. 이 빚을 언제 다 갚을 수 있을까. 남편도 이웃도 참 감사하다.

나는 열애 중

저녁을 먹고 남편과 함께 산책길에 나섰다. 강변을 따라 난 길은 경사가 없을뿐더러 탄성포장재가 깔려있어서 남편이 걷기에 무리가 없다. 구부정한 자세로 오른 발을 끌듯이 강변길을 걸어가는 뒷모습이 영락없는 노인이다. 남편은 지난 초여름 뇌졸중 진단을 받고 약물로 다스리고 있는 중이다. 예전의 떡 벌어진 어깨에 훤칠한 다리로 성큼성큼 걷던 모습은 어디에도 없다. 혹시 넘어질세라 남편의 팔짱을 슬며시 끼며 보조를 맞춘다.

한낮의 햇살은 아직 따갑지만, 추분을 지나니 바람의 방향이 바뀌어 간월산 줄기를 훑고 내려온 바람이 산뜻하다. 가을의 전령사 풀벌레의 세레나데도 아직 한창이다. 아름다운 화음이 마음을 적셔서 한결 발걸음이 가볍다.

우리 또래의 부부가 그러하듯 해도 되고 안 해도 그만인 얘기를 두런두런 나누다 옛이야기로 빠져들어 청춘의 시간에 가닿았다. 먼 추억이 강 건너 마을의 불빛처럼 깜빡거린다.

남편과 5년의 실랑이 끝에 결혼한 나는 정말이지 다정하게 살고 싶었다. 정성들여 상을 차려 맛나게 먹는 그의 모습을 바라보며 함께 먹고 싶었다. 저녁을 먹은 후엔 찻잔을 앞에 두고 마주 앉고 싶었다. 시시콜콜한 일상을 서로 나누고, 낮 동안 힘들었던 일도 위로받고 싶었다. 무엇보다 함께 잠들고 싶었다. 잘 자라는 인사 나누고 그의 숨소리를 들으며 잠들면 하루의 피로가 씻은 듯이 날아가고 새 힘을 얻을 것만 같았다. 그러나 그는 통금 시각이 임박해서야 고래고래 유행가 가락을 뽑으며 귀가하기 일쑤였다. 꿈꾸었던 결혼 생활은 어디에도 없었다. 내가 입원하기 전까지 지치고 외로웠다.

40대 초반 나는 중병에 걸렸고, 대수술을 받았다. 남편은 휴가를 받아 21일간의 입원 기간 내내 내 곁을 지켜주었다. 통증으로 인해 입이 바짝바짝 타들어가서 24시간 물 적신 거즈를 입에 물고 있어야 했지만 행복했다. 아픈 것쯤이야 얼마든지 참을 수 있었다. 남편 얼굴 보기가 오죽 어려웠으면 곁에 있어 주는 것만으로도 행복하다며 눈물을 다 흘렸을까.

그러나 그때뿐, 내가 퇴원한 바로 그날부터 본래의 자기 모습으로 되돌아갔다. 마치 놀기 위해 태어난 사람 같았다. 집안일이 어떻게 돌아가는지, 결혼기념일이 언제인지 관심조차 없었다. 거기에다 자신은 음주운전면허증 소지자라며 술을 마시고도 운전대를 잡으려 해서 애간장을 태웠다. 오전에 필기시험을 끝낸 후 소주 한 병을 곁들인 점심을 먹은 후 주행시험을 친 것을 두고 하는 말이다. 실제로 만취 상태에서 운전을 해서 큰 사고로 이어질 뻔한 적이 있다. 나는 그때 결심했다. 어디 늙거든 보자고.

그랬던 내가 남편의 발병 후 복수심이 슬그머니 꼬리를 감추고 말았다. 마음 한편에는 빚 받으려다 주머니 푸는 꼴이 되어 억울하기도 하고 분하기도 하다. 그러나 언제 어떤 일을 당할지도 모르는 뇌졸중 환자이니 도리가 없지 않은가. 자다가도 숨소리를 체크하고, 밥상에도 색색의 채소 반찬에 올리브나 들기름, 견과를 잊지 않고 올린다. 회식 자리에서도 그 좋아하던 소주잔 대신 물잔을 기울이는 모습을 볼 때면 마음이 아프다. 술 마시고 싶지 않으냐고 물으면, "그동안 많이 마셨다 아이가." 라고 한다. 이럴 땐 남편이 더없이 미덥다.

얼마 전 남편을 여읜 지 두어 달 지난 어르신께 식사 대접을 했었다. 현명하고 당찬 분이라 현실을 받아들이고 꿋꿋하게 살아가리라 믿었다. 그런데 그게 아니었다. 생기가 사라지고 초췌해진 모습에는 상실의 아픔이 깊이 배어있었다. 맛나게 먹어 줄 남편이 없으니 밥을 짓기 싫고, 혼자서 밥 먹는 일이 너무 서글프다 했다. 보고 싶은 것도, 하고 싶은 일도 다 사라지고, 마음이 텅텅 비어 허깨비가 되어버렸단다. 아무도 없는 집에 홀로 잠들기가 너무 쓸쓸해서 '나도 그만 눈 감아버릴까.' 생각한 적이 한두 번이 아니라고 했다. 방을 따로 쓰며 각자의 일을 하고 살았는데도, 옆방에 사람이 있는 것과 없는 것이 이렇게 엄청나게 다를 줄 몰랐다고 했다. 충분히 공감이 가는 말이라 고개를 끄덕이는데 이런 말을 덧붙였다.

"당해 보기 전엔 몰라. 김 선생이 상상하는 그 이상이야. 나도 이럴 줄 몰랐어. 남편 건강 잘 챙겨."

부부란 밉든 곱든 살아온 세월의 두께만큼 서로 깊이 연결되는 것일까. 마치 연리목처럼. 평생을 함께 한 반쪽이 떨어져나간 아픔은 생각보다 훨씬 깊은 상처인 것 같았다.

남편을 여읜 이의 말이 가슴에 남아서 이전보다 더 마음을 쓰게 되었다. 반신욕이 혈액순환에 도움이 된다는 지인의 권유로 달 목욕도 같이 시작했다. 산책길 걷기도 거르는 날이 없다.

비가 와도 우산을 쓰고 걷는다. 남편의 속도에 맞춰 걸어야 하니 갑갑하기도 하고 바쁜 일이 있을 때는 시간에 쫓기기도 하지만, 남편의 건강이 일 순위가 되었다.

이것이 과연 사랑일까. 혼자가 되기 싫은 이기적인 욕심의 발로는 아닐까. 어쨌든 오늘도 남편은 순순히 온천욕을 다녀오고 저녁 산책길을 나서주어 고맙다.

신발 안에 들어온 작은 돌멩이를 털어내느라 잠시 손을 놓았더니, 남편이 슬며시 내 손을 잡는다. 어제는 카톡으로 '고맙소'라는 가요의 동영상을 보내왔다. 입으로 말하기 쑥스러운 경상도 남자의 표현법이다. 노래를 들으면 울컥할 것 같아 아직 열어 보질 못했다.

요즘 비로소 남편과 신혼 때 꿈꾸었던 부부다운 부부로 사는 느낌이 든다. 어떤 이가 그리 말씀하셨다. '안 보면 보고 싶고 만나면 가슴 설레는 감정도 사랑이라 할 수 있을 것이다. 그러나 입으로 욕하면서도 따신 밥상을 차리는 그게 찐사랑이라'고. 그렇다면 나는 지금 열애 중?

고마운 사람들

 연말이다. 방송국 연기대상 시상대에 오른 여배우가 감사한 이들의 이름을 십여 개나 호명하고도 빨리 생각나지 않는 이름 때문에 입술이 떨린다. 나도 기억 저편에 묻어둔 고마운 사람들을 떠올려본다.
 초등학교 1학년 때 담임 민숙자 선생님은 배움이 얼마나 신나는 일이며, 학교가 얼마나 즐거운 곳인지 깨닫게 해주신 분이다. 늘 칭찬으로 격려해주시던 선생님은 내 생애 첫 부반장 임명장을 안겨주신 분이기도 하다.
 5, 6학년을 연거푸 담임하며 시간 내어 개인지도를 해 주시

고, 가난한 내게 중학 진학의 길을 열어주신 박홍석 선생님으로부터는 평생을 두고 갚아야 할 은혜를 입었다. 중학 입학시험 채점이 마무리 되던 날, 수석 합격 결과가 나오자마자 한달음에 우리 집으로 달려와, 아무 말없이 나를 하늘 높이 번쩍 올려주시던 선생님을 잊을 수 없다.

그런데 중학교 1학년 봄, 청천벽력 같은 선생님 영결식 소식을 들었다. 아이들을 가르치다 갑자기 심장마비로 돌아가셨다는 것이다. 눈앞이 캄캄했다. 그 소식을 듣자마자 교실에서 뛰쳐나가 초등학교 영결식장으로 달려갔다. 아직 하나도 갚아드린 게 없는데 더 이상 뵐 수 없다니 세상이 무너지는 것 같아 목 놓아 울었다.

중 3때의 차제우 선생님은 졸업을 앞두고 취직자리까지 마련해 놓은 나를 어르고 달래서 고등학교에 진학하도록 이끄신 분이다. 고등학교만 졸업하면 당신이 책임지고 더 좋은 자리 취직시켜 주겠노라 손가락을 걸으셨다.

고등학교 3학년 2학기 취직반에서 주산을 튕기고 타자를 두드리고 있을 때, 문제집을 안겨주시던 선생님들, 합격하고도 안 가는 것과 시험도 안 쳐보는 것과는 하늘과 땅 차이라며, 진학 반 뒷자리에 내 자리를 마련해주시고 중요 과목 수업을 듣게 해주신 선생님도 고마운 은인이시다.

예비고사가 있던 날, 겨울의 시린 새벽에 따뜻한 밥상에 보온 도시락까지 싸놓고 나를 깨우시던 입주 아르바이트집 할머니도 잊지 못할 고마운 분이다. 아침밥 든든히 먹고 가야 시험 제대로 칠 수 있다며 곁에 앉으셔서 숟가락에 반찬 올려주시던 모습이 아직도 기억 속에 생생하다.

그렇게 한번 쳐본 대학입시에 덜컥 합격을 하고 나니 욕심이 생겼다. 그러나 등록금을 구할 길이 없었다. 마감 날 마감 시각이 임박할 때까지 돈을 구하지 못해 엄마와 부둥켜안고 울다가 불현듯 차제우 선생님이 생각났다. 염치 불구하고 찾아뵈었는데, 말 끝나기 무섭게 돈을 건네주시며 어서 가서 등록하라 등떠미셨다.

입주 아르바이트를 하던 집 가정부 아주머니도 내가 기억해야 할 분이시다. 나는 그 당시 갈아입을 여벌의 러닝셔츠가 없었다. 그래서 저녁에 씻어서 부엌 빨랫줄 한구석에 널어놓았다가 아침에 미처 덜 마른 러닝을 끼어 입고 등교하곤 했다. 그걸 아주머니가 본 모양이었다.

농촌학교 교생 실습으로 더 이상 입주 아르바이트를 할 수 없게 된 날, 가방을 싸고 있는 내게 새하얀 러닝셔츠 석 장을 말없이 내밀었다. 애써 외면하고 살아왔던 내 모습이 그 순간 적나라하게 눈앞에 펼쳐졌다. 왈칵 울음이 터졌다. 아주머니와 나는 서로 부둥켜안고 엉엉 울고 말았다. 지금 생각하면 구멍 난 러닝을 왜 그리 꾸역꾸역 끼어 입고 다녔나 싶은데, 입지 않고는 벌거벗은 듯 허전하여 대문을 나설 수가 없었다. 아주머니의 새 러닝셔츠는 현실을 꿋꿋이 견디며 살아갈 힘이 되어 주었다.

학업을 계속 이어갈 수 있도록 여러모로 신경 써 주신 이상근 교수님과 고태국 교수님, 두 계절이 지나도록 공짜로 재워주고 밥 먹여준 금실 언니는 어려웠던 대학시절 큰 힘이 되어준 고마운 분들이다.

내 몸의 큰 병을 발견해주고 수술에 이르도록 끝까지 돌봐주신 신현성 원장님과 직접 수술을 집도하신 윤진한 과장님은 생명의 은인이시다. 그리고 천사같은 원희 씨, 그는 검사와 수술과 입원 기간 내내 마음 써 준 고마운 친구다. 직접 차를 끌고 와서 입원 직전과 퇴원 직후에 맛난 음식도 먹여주었고, 퇴근 후에 두 번이나 병실을 찾아와 기도해 주었다. 입원 기간 동안 하루도 빠짐없이 전화로 보내준 위로와 격려는 수술을 견디고 회복하는 데 큰 힘이 되었다. 직접 병문안을 오거나 건강 회복을 위해 기도해 준 수많은 친구들과 교우들도 잊지 못할 고마운 분들이다.

힘들 때마다 큰 위로를 주신 베드로 신부님, 늘 곁을 지켜주는 친구 선이, 지난여름, 입맛 없을 때 먹으라며 욕지도 고구마를 두 상자씩이나 갖다 주고도 초겨울엔 못난이 유기농 밀감 한 상자와 따뜻한 털목도리까지 목에 걸어주고 간 숙이. 내게도 고마운 분들이 헤아릴 수 없이 많다.

수많은 고마운 이가 있어 여배우를 시상대에 설 수 있게 했듯이, 오늘의 나를 있게 한 것도 이 모든 은인들의 도움 덕분이었다. 그럼에도 불구하고 베풀어주신 사랑에 제대로 보답도 못하고 살아왔다.

가장 후회되는 일은 새벽밥을 지어 주신 할머니를 생전에 한 번도 찾아뵙지 못한 일이다. 헐벗고 초라했던 시기의 나와 마주하기가 너무 싫었기 때문이었지만, 그 일은 두고두고 마음을 할퀸다. 나는 변명의 여지없이 비겁했었고, 배은망덕했었다.

갚지 못한 은혜를 이웃에 돌려드리기 위해 어려운 이웃을 모른 척 눈 감지 않으며 살려고 노력하고 있지만, 받은 은혜에 비하면 턱없이 부족하다. 두고두고 갚아나가야 할 나의 빚이다.

고마운 사람들을 한 사람 한 사람 떠올리다보니 많은 이들로부터 참으로 과분한 사랑과 은혜를 입었음을 새삼 깨닫고 감사로 목이 메인다. 세상을 떠난 할머니와 선생님들의 영혼이 평안하시길 기도드리며 두손 모은다.

선생님께 올립니다

선생님!

선생님을 모시고 운문사 사리암을 오르던 때가 바로 이맘 때였지요. 하늘엔 햇솜 같은 구름이 한가롭게 노닐고 신록들이 눈부시게 아름다운 날이었습니다. 선생님께서는 간간이 걸음을 멈추시고 '참 좋다'를 연발하시며 환하게 웃으셨지요. 오늘도 산천은 그날처럼 맑고 푸른데 함께 바라보고 싶은 선생님이 안 계시니 자꾸만 눈앞이 흐려집니다.

선생님께서는 1942년 경기도 안성에서 태어나셔서 서울대 농대를 졸업하시고 안성농촌진흥청에서 근무하시다가 1971년

울산에 둥지를 트셨습니다. 1976년 가톨릭농민회 경남협의회 활동을 시작으로 농민운동에 뛰어드셨지요. 한국가톨릭농민회 전국 회장, 우리농촌살리기운동본부 사무국장 등을 역임하시며 농촌지도자를 양성하고, 농민의 권익 보호, 생명농업, 도시와 농촌이 함께 사는 세상을 만들기 위한 일에 평생을 헌신하셨습니다.

울산 지역 여러 시민사회운동에도 깊이 관여하여, 유기농무상급식운동, 환경운동, 노동운동에 온 힘을 쏟으셨지요. 범 종교적 단체인 지리산생명평화결사에도 앞장서셨습니다.

그런 가운데 두 번이나 구속되는 고초를 겪으셨지만, 뜻을 굽히지 않으셨습니다. 견디기 어려울 만큼 힘들고 고단했을 그 길을 묵묵히 걸으신 40년은 채움이 아니라 비움임을, 소유가 아니라 나눔임을 몸소 삶으로 보여주셨습니다.

제가 선생님을 처음 뵌 것은 십여 년 전 작은 문화공간에서였습니다. 고희에 들어서도 공부방을 열어 무보수로 노자의 도덕경과 장자를 해석해 들려주시며 우매한 저희의 눈을 밝혀주셨지요. 노자 도덕경을 관통하는 사상은 변화이며, 세상 만물은 생성 변화 사멸하는 것이므로 상대적이라 하셨습니다. 따라서 유와 무가 상생(有無相生)하므로 세상 만물의 이치를 상대적인 관점에서 볼 줄 알아야 한다고 하셨지요. 생각이 고여 있으면 세상의 변화를 읽지 못하니, 마음의 문을 열어 우주와 소통하며 생각을 유연하게 가지라 이르셨습니다.

국제 정세나 국내 동향에 대해 얘기 나눌 땐 사고가 양 극단으로 치닫는 현 세태를 매우 마음 아파 하셨습니다. 지성인이라면 칼날 위에 서서 좌로도 우로도 치우치지 말아야 한다고 하시며, 양쪽을 두루 볼 줄 알아야 화합의 길이 열린다고 누누이 강조하셨지요.

평생을 가난하게 사셨으나, 높은 자리와 많은 보수를 보장하는 직장을 제의받았을 땐 단호히 거절하셨습니다. 일이 힘들다거나 마음에 안 들어서가 아니었습니다. 그 자리에 앉아 권력과 금력을 누리고 살다 보면 더 높은 자리, 더 많은 욕심이 생길 것 같았기 때문이라고 하셨지요. 저는 그 말씀을 듣고 선생님을 마음 깊이 존경하게 되었습니다. 누구나 탐하는 것을 포기해서가 아니라, 포기하신 그 이유 때문이었습니다. 선생님은 도를 실천하고자 애쓰시는 분, 언행이 일치하는 분, 스스로를 다스릴 수 있는 진실로 강한 분이셨습니다.

그런 분이셨기에 호를 모자라고 또 모자라는 사람, '우졸又拙'이라 지으셨지요. 당신의 방문 위에 우졸당又拙堂이라 손수 새겨 붙이시고 사람의 길에서 어긋나지 않도록 스스로 경계하며 사셨습니다.

선생님을 스승으로 모신 10여 년의 세월은 참으로 귀한 시간들이었습니다. 제가 얼마나 오만하고 편향적인 고정관념에 매인 사람인지 깨닫게 하셨고, 세상과 사람을 바라보는 안목을 넓혀주셨습니다. 늘 온화한 웃음을 잃지 않으신 선생님, 어떤 어리석은 말도 그르다 않으시고 비유로 깨우쳐주신 선생님, 선생님을 뵐 때면 봄 햇살처럼 마음이 따뜻해지고 평화로워져 헤어져야 할 땐 늘 아쉬운 마음이 들곤 했답니다. 상선약수上善若水를 배우며 선생님이야말로 만물을 이롭게 하나, 낮은 곳으로 흐르는 물과 같은 분이라 생각했습니다. 왜 더 자주 찾아뵙고 귀한 말씀 듣지 못했는지 때늦은 후회로 가슴 저립니다.

이제는 선생님이 그리울 때마다 서각으로 새겨 판화로 찍어주신 부도조이不道早已*를 선생님 뵙듯 바라보려 합니다. 선생님의 노자 해설서인 『노자와 촌로』도 손 가까이 두고 수시로 펼쳐보며 선생님의 가르침 마음에 새기겠습니다.

함께 활동하셨던 동지들과 제자들이 선생님의 장례식을 시민사회장으로 하려 했으나, 가족장으로 간소하게 치러줄 것을 당부하시며 마지막까지 '무위자연無爲自然'의 본을 보이셨지요.

선종하시기 며칠 전, 병원에서 뵈었을 때 손발이 퉁퉁 붓고 손톱 밑이 까맣게 죽어가는 극심한 통증 속에서도 웃음을 지어 보이시던 선생님, 아픔 없는 저세상에서 영원한 평화와 안식

누리시길 두손 모아 기도드립니다. 모든 짐 다 내려놓으시고 훨훨 날아올라 편히 쉬십시오.

우졸 장태원 선생님, 사랑합니다!

* 부도조이不道早已 : 노자 55장, 도가 아니면 일찍 끝난다.

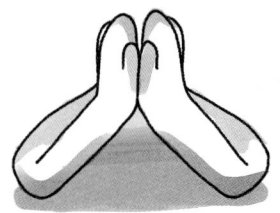

나는 지렁이가 소리를 내지 않는다는 사실이 몹시 안타까웠다.
순하게 살면서 좋은 일만 하다 가는데 평생을
벙어리로 살아야 하다니 너무하지 않은가.

제4부

지렁이 울음소리

- 지렁이 울음소리
- 확증편향
- 내 핸드폰 어디로
- 그리운 순돌이
- 미래의 에너지
- 취미는 소중해
- 두 마음
- 가시
- 교만
- 아모르 파티

지렁이 울음소리

친구가 지렁이 울음소리를 들어봤느냐고 했다. 금시초문이라 깜짝 놀랐다. 한번 들어보라며 인터넷에서 동영상을 찾아 들려 주었다. 소리에 고저나 장단이 없이 일정하여 여느 풀벌레 소리와 확연히 구별되었다. 아주 작은 방울이 빠르게 구르는 듯 맑고 투명했다. 이런 예쁜 소리를 내다니 정말 놀라웠다.

지렁이는 아무도 해치지 않고 평생 흙속의 찌꺼기와 흙만 파먹고 사는 순한 생명체다. 지렁이가 누는 분변토는 영양이 풍부해서 식물의 성장을 돕는 최고의 천연비료가 된다. 또 굴을 파고 다님으로써 경운효과까지 주는 훌륭한 농부다. 게다가 뭇 생명들의 먹이로 몸보시까지 하지 않는가. 사람들이 겉모습만 보고 징그러워하지만 태곳적부터 지구의 토양을 지켜온 일등 공신이다. 사람이든 동물이든 섣불리 판단해서는 안된다는 것을 지렁이를 통해 배웠다.

나는 지렁이가 그토록 아름다운 소리를 낸다는 사실에 매료되었다. 창조주가 참으로 합당한 소리를 지렁이에게 주었다며 무릎을 쳤다. 지렁이를 혐오하는 인간에게 한 방 먹이는 역설이라 생각했다.

인터넷에 소개된 지렁이 울음소리를 여러 번 반복해서 들으며 귀에 익힌 다음, 이슬 촉촉한 늦은 저녁이면 남천 산책길에 나섰다. 온 여름 내내 행복한 마음으로 그 소리에 귀를 기울였다.

가을 기운이 느껴지면서 소리들이 점점 약해지기 시작하더니 바람이 서늘해지자 그만 뚝 끊겨버렸다. 몹시 서운했다. 그런데 지렁이가 땅속 깊이 숨어야 할 만큼 기온이 뚝 떨어진 것도 아닌데 소리가 안 들린다는 게 이상했다. 영상으로 들었을 때 지렁이가 몸을 전혀 움직이지 않았던 것도 떠올랐다. 날개도 없고 배도 움직이지 않는다면 도대체 어디로 소리를 낸단 말인가.

이 의문을 꼭 풀고 싶었다. 인터넷 서점을 뒤져 '지렁이 울음소리'라는 제목의 책을 몇 권 사서 샅샅이 읽어보았다. 그러나 지렁이가 얼마나 이로운 생명체인가만 세세하게 기록되어 있을 뿐, 울음소리에 관해서는 일언반구도 없었다. '지렁이 울음소리'라는 단편에서는 그저 비유적으로 씌어졌을 뿐이었다.

실망한 나는 도서관으로 달려가서 '흙 속의 보물 지렁이'라는 책을 찾아냈다. 그러나 이 책도 마찬가지였다. 몸의 구조 그림을 낱낱이 뜯어봤지만 발성기관 자체가 없었다. 이목구비 중 입만 있는데 폐가 없으니 입으로 소리를 내기도 만무했다. 결국 지렁이는 소리를 내지 않는다는 결론에 도달할 수밖에 없었다.

그렇다면 온 여름 내내 지렁이 울음소리로 착각하고 들은 소리의 주인공은 도대체 누구란 말인가? 인터넷을 한참 뒤지다가 드디어 찾아냈다. 땅강아지 소리였다. 곤충이면서 땅 속에 굴을 파고 살다보니 사람들이 지렁이 울음소리로 착각했을 것이다.

나는 지렁이가 소리를 내지 않는다는 사실이 몹시 안타까웠다. 순하게 살면서 좋은 일만 하다 가는데 평생을 벙어리로 살아야 하다니 너무하지 않은가.

박완서 님의 단편소설 '지렁이 울음소리'의 주인공은 지성과 교양을 갖춘 주부다. 그러나 그녀의 남편은 지극히 속물적인 사람이다. 대화의 단절과 삶의 권태로 자신의 삶이 '표절한 미사여구'*처럼 공소하게 느껴질 때 그녀는 가끔 다방을 찾는다. 그곳에서 여고 시절 그녀의 우상이었던 선생님을 우연히 만나지만 몹시 실망한다.

젊은 시절 국가와 민족을 향한 순수한 애정과 패기 넘치던 열정은 다 사라지고 현실에 급급한 남루한 중년이 되어있었다. 선생님은 계획한 일들이 뜻대로 되지 않자 마지막 자존심이었을까, 유서 같은 편지만 남기고 모습을 감춘다. 그 편지를 보며 그녀는 지렁이 울음소리 같다고 생각한다.

그녀 역시 현모양처라는 허울에 가스라이팅 당한 채 속으로만 비명을 지르며 살아가고 있지만, 자신의 우상이었던 선생님이 몰락하는 모습은 차마 볼 수 없다. 그래서 예전의 모습을 되찾기를 간절히 바라지만, 비명과도 같은 속울음만 남긴 채 사라진 것이다. 인습과 현실의 벽에 갇힌 채 소리내어 울지도 못하는 두 사람의 아픔이 마음에 무겁게 와 닿았다.

지금도 권력의 힘에 눌려 핍박받는 이들, 돈의 위력에 휘둘려 착취당하는 노동자들, 매질 당하는 아내, 능력이나 환경의 한계에 부딪혀 몸부림치는 사람, 가족이라는 이름의 멍에를 지고 살아가는 가장들이 얼마나 많을까. 그들은 참기 힘든 고통을 비명 같은 속울음으로 달래며 살고 있지 않을까.

소리가 사라진 산책길을 걷는 내 귀에 환청과도 같은 지렁이 울음소리가 들려오는 듯했다. 소리 없는 소리가 파장이 되어 가슴을 쳤다. 참다 못해 내지를 수밖에 없는 속울음소리, 그 소리에 귀를 기울여 들어주고 싶다. 손을 마주 잡아주고 어깨를 토닥이며 잘 하고 있다고, 그 모습 그대로 괜찮다고 말해주고 싶다. 하나쯤은 지렁이 울음소리를 품은 채 살아가고 있을 우리 자신에게도.

* 박완서 『지렁이 울음소리』, 민음사 2021, p16

확증편향

"딩동딩동딩동"

아침을 먹고 식탁을 정리하는데 현관 벨이 다급하게 울렸다. 문을 열자 두 명의 경찰관이 들이닥쳤다.

"이런 사람 여기에 사는 것 맞죠? 신분증 좀 봅시다."

경찰이 내미는 핸드폰에는 남편의 모습이 담겨있었다. 엘리베이터 CCTV에 찍힌 동영상을 보여주며 당장 연행이라도 해갈 듯 태도가 고압적이었다.

'혹시 사기에 연루되었나?'

불길한 상상으로 가슴이 뛰었다.

"어제 엘리베이터 탔지요? 댁이 18층인데 왜 9층에서 내렸어요?"

영문을 몰라 어리둥절해 하던 남편이 무슨 일인지 파악한 것 같았다. 그때의 상황을 설명하려 애썼으나, 경찰은 남편의 말꼬리를 잘라먹고 확신에 찬 목소리로 취조하듯 몰아붙였다. 남편은 당황한 나머지 말을 더듬거리기까지 했다. 서로의 언성만 높아갈 뿐 도저히 소통이 되지 않았다.

몇 마디 오가는 것을 조합해보니 대충 짐작이 갔다. 일단 오해에서 비롯된 일임이 분명해 보여 놀란 가슴을 쓸어내렸다. 마음에 여유가 생기자 진땀을 흘리며 허둥대는 남편의 모습에 자꾸만 웃음이 비집고 나왔다. 웃음기를 감추려 애쓰며 경찰에게 다가가 상냥하게 말했다.

"충분히 오해받을 만했네요. 그래도 이 사람에게 변명할 기회를 좀 주시면 안될까요?"

그제서야 경찰도 다그치던 말을 멈추고 남편의 말에 귀를 기울여주었다.

사연은 이러했다. 어제 바깥 볼일을 보고 지하 1층에 주차를 한 뒤 엘리베이터를 타고 18층 버튼을 눌렀다. 1층에서 초등학교 저학년쯤으로 보이는 여자아이가 타더니 9층 버튼을 눌렀다. 남편은 엘리베이터가 9층 가까이 왔을 때 차에서 물건을 안

갖고 내린 것이 생각났다. 18층을 취소하고 지하 1층을 눌렀으나 불이 들어오지 않았다. 위층에서 누군가가 엘리베이터를 불렀나보다 생각하고 옆 엘리베이터를 이용하기 위해 아이를 뒤따라 내렸다. 옆 엘리베이터로 갈아타고 주차장으로 내려가 물건을 챙겨 집으로 올라왔다.

남편의 설명을 들은 경찰은 그제야 말소리를 누그러뜨리며 오해에서 빚어진 일임을 인정했다. 옆 엘리베이터의 방향이 아이의 집 방향과 같았던 점도 오해를 불러일으키는 소지가 된 것 같았다.

똑같은 상황을 두고 아이와 그 엄마의 해석은 달랐다. 아이는 덩치 큰 낯선 남자와 단둘이 엘리베이터를 탄 것부터 겁이 났다. 모자를 눌러 쓰고 마스크를 했으니 표정을 읽을 수 없어서 더 불안했을 것이다. 9층에 엘리베이터가 서자마자 내렸다. 그런데 18층에 내릴 줄 알았던 남자가 뒤따라 내리더니 자기를 따라왔다. 겁에 질린 아이는 집으로 뛰어 들어가 엄마에게 일렀다. 세상이 하도 험악하다 보니 아이 엄마가 얼마나 놀랐겠는가. 앞뒤 생각해볼 겨를도 없이 경찰에 신고했다. 경찰은 의심이 가는 상황인지라 치한이라 판단하고 출동했다.

경찰관을 보내고 남편과 나는 마주 보며 한참을 웃었다. 그러나 서운한 마음이 들기도 했다. 신고를 받았으니 출동은 해야 했겠지만, 조금만 더 CCTV를 돌려보았어도 그렇게 고압적인 태도를 보일 필요가 없지 않았을까.

다음 날, 그 여자아이의 부모가 과일주스 한 박스를 가지고 올라왔다. 오해를 해서 번거롭게 해드렸다며 죄송하다고 사과했다. 그 마음 충분히 이해하니 괘념치 말라고 했다. 남편도 놀랐을 아이를 걱정하며 잘 다독여주라고 했다. 사건은 이렇게 일단락이 되었다. 훈훈한 마무리였으나 개운하지는 않았다. 아이의 부모를 보내고 생각에 잠겼다.

확증편향이란 보고 싶은 것만 보고, 듣고 싶은 것만 듣는 경향성이다. 사람은 감정이 앞설 때, 자신이 원하는 결과를 바라거나 신념을 지키고자 할 때 확증편향을 보인다. 이번 일은 작은 해프닝으로 끝났지만, 한편 생각하면 무서운 말이기도 하다. 사건을 수사하는 사람들이 확증편향을 갖게 되면 어떻게 될까? 역사 속에서 위정자의 확증편향으로 인해 전쟁이 터지거나 막지 못한 일은 없었을까? 이러한 경향성에 편승하여 선호하는 것만 골라서 보여주는 소셜 미디어가 확증편향을 증폭시켜 사람들의 성향을 양 극단으로 치닫게 하고 있지 않은가.

나 역시 오만과 편견으로 수많은 확증편향을 가지고 있으면서 스스로 공정하다 착각하고 살아가는 한 사람일지 모른다. 섣부른 판단이나 편견을 멀리 하고 역지사지로 생각해보는 마음의 여유를 가져야겠다고 다짐해 본다.

내 핸드폰 어디로

핸드폰을 잃어버렸다. 차를 몰고 목적지에 도착해 보니 안 보였다. 손에 쥐고 엘리베이터를 탄 것까지는 분명히 기억이 났다. 그런데 그 뒤에 어떻게 했는지 도무지 캄캄절벽이었다. 가방은 물론 자동차 구석구석을 아무리 뒤집고 헤집어 봐도 나타나지 않았다. 눈앞이 아뜩했다.

모든 일정을 취소하고 아파트로 돌아왔다. 수위실과 관리실에 문의해 봐도, 동선을 따라 엘리베이터에서 주차장까지 몇 바퀴 맴을 돌아도 행방이 묘연했다. 찾는 틈틈이 다른 폰으로 전화를 걸어보니 신호만 갈 뿐 응답이 없었다. 간절한 마음을 담아서 문자도 보냈다. 역시 묵묵부답이었다.

통신사에 분실신고를 하고 위치 추적 서비스를 이용해서 추적에 나섰다. 그러나 날이 어둡도록 쫓아다녔지만, 모두가 허사였다. 추적을 피하기 위해 폰을 껐다 켰다 하는 건지 계속 이동을 하는 건지, 찾아가는 장소마다 공터거나 텅 빈 주유소거나 불 꺼진 상가였다. 결제하는 은행은 이미 다 막아놓아서 문제 될 게 없었다. 가장 걱정이 되는 건 폰 속에 저장되어 있는 지인들의 연락처였다. 사기꾼의 손에 들어가 악용될까 봐 속이 까맣게 탔다. 자괴감과 불안감으로 잠까지 설쳤다.

날이 밝는 대로 관할 파출소를 찾았다. 경찰관은 부끄러워서 고개를 들지 못하는 나에게 누구에게나 있을 수 있는 일이라며 따뜻하고 친절하게 대해주었다. 분실신고를 하고 협조를 당부했더니, '핸드폰 찾기 콜센터'를 운영하고 있어서 습득한 사람이 우체국이나 파출소에 갖다주기만 한다면 찾을 수 있다고 했다. 무엇보다 염려스러운 건 지인들의 전화번호라고 했더니, 그 정도의 정보는 이미 노출되어 있어서 비밀 축에도 안 든다며 나를 안심시켰다.

돌아오지 않는 분실 폰은 주로 어떻게 사용되는지 물어보았다. 모든 이동통신사들이 기지국을 공동 이용하고 있기에, 국내에서는 사용이 불가능하다고 했다. 주로 외국으로 팔려나가는데, 그 전에 정보를 삭제하면 문제가 없을 것이라 했다. 마음이 조금 놓였다. 내 폰이 아무래도 어느 항구에서 출항을 기다리고 있을 것만 같았다.

혹시나 하는 마음에 통신사에 전화를 걸어 통신 기록을 알아봤으나, 송신도 수신도 한 흔적이 없었다. 착한페이로 결제하거나 모바일뱅킹을 한 흔적도 없었다. 사용했다가는 정체가 탄로날 터이니 당연한 일이었으나, 한편으로는 안심이 되었다.

사흘째 되는 날, 밧데리가 다 나갔는지 더 이상 위치 추적이 되지 않았다. 핸드폰 찾기를 완전히 포기하고 내 기기 찾기 앱을 통해 저장된 모든 정보를 삭제했다. 불안과 초조로부터는 놓여났으나, 그 자리에 공허가 밀려들어왔다.

나는 세월의 흔적이 묻은 물건들을 좀처럼 버리지 못한다. 이별에 서툰 탓이다. 그 덕분에 옷장엔 구닥다리 옷이, 서랍엔 온갖 잡동사니들이 그득하다. 물건 하나하나에 스며있는 추억의 편린들이 발목을 잡아 차마 떠나보낼 수 없다. 여태 사용해온 핸드폰들도 가지런히 놓여있다. 그런데 나의 실수로 그만 이가 빠져버렸다. 마음이 쓰라렸다.

핸드폰을 잃어버리고 나서야 내가 얼마나 이 작은 기기에 의존하며 살아왔는가를 깨닫고 놀랐다. 나도 모르는 사이에 생활 구석구석 스며들어서 없어서는 안 될 필수품이 되어있었다. 예전엔 핸드폰 없이도 잘 살았는데 사용하다가 없어지니 불편한 점이 한둘이 아니었다. 그만큼 핸드폰에 깊숙이 의지하고 산 탓이었다. 결핍이란 없는 상태가 아니라 있다가 없어진 상태가 아닐까.

새 핸드폰을 장만하자마자 남편과 짝을 지어 좀 더 근접해서 서로의 위치를 추적해주는 앱을 깔았다. 잃어버리기 전에 사용하던 핸드폰 칩에 저장된 정보를 새 폰으로 옮겨 담으며 주민등록증 같은 개인 정보는 모두 삭제했다. 별일 없이 핸드폰 기기 하나 잃어버리는 것으로 일단락되길 간절히 빌었다.

핸드폰은 휴대하는 작은 컴퓨터다. 앞으로 기능이 점점 더 진화할 것이고 우리는 그에 따라 핸드폰에 더욱 종속될 것이다. 생각해보면 무서운 일이다. 폐해도 만만치 않다. 고액의 보이스피싱과 스미싱을 당하기도 하고, 하루에도 몇 번이나 울리는 원하지 않는 광고성 전화에 시달린다. 그럼에도 세상과 담을 쌓고 살지 않는 이상, 한 발짝만 떼도 모시고 다녀야 한다. 이놈의 핸드폰에 줄을 매어 목에 걸고 다녀야 하나? 정신이 점점 깜빡깜빡해지는데 어쩌나? 생각이 많아진다.

그리운 순돌이

　이웃사촌이 저녁 무렵 강아지 한 마리를 데려왔다. 시골에 살려면 개 한 마리쯤은 키워야 한다면서 떠맡기듯 주고 갔다. 생후 두 달, 겨우 젖 떨어진 새끼였다. 쌍꺼풀진 눈이 순하게 보여 순돌이라 이름 지어주었다. 혹여 어미 품이 그리워 울면 어쩌나 걱정했는데 밤새 아무 소리도 들리지 않았다.
　다음 날 아침, 벌써 제 이름을 귀에 익혔는지 "순돌아!" 부르자 집 뒤꼍에서 아장아장 걸어 나왔다. 용감한 꼬마를 가슴에 꼭 안아주었다.
　순돌이는 먹성이 좋아 된장국도 사료도 주는 대로 맛있게 먹고 무럭무럭 자랐다. 연갈색의 보드랍던 털도 황갈색의 윤기 나는 거친 털로 바뀌었다. 자랄수록 어깨가 떡 벌어지고, 번듯한 이마엔 호랑이 같은 가로줄무늬가 생겼다. 처음 보는 사람도 주인과 친한 사람이라 여겨지면 무심하게 쳐다보았지만, 그렇지 않은 경우엔 날을 세웠다.

생긴 모습부터가 범상치 않은데다가 '크르릉' 하고 내는 소리가 워낙 울림이 좋고 쏘아보는 눈빛이 형형하여 모두가 겁을 집어먹었다. 쇠줄에 묶어놓았을 때도 대문 안으로 발을 들여놓지 못했다. 남편이 밤늦게 돌아와도 순돌이가 있어서 마음 든든했다. 가끔씩 채마밭에 들어와 작물들을 제멋대로 뜯어먹거나 뽑아먹고 가던 고라니도 발걸음을 뚝 끊었다.

그러나 주인은 전적으로 신뢰했다. 밥그릇에 손을 넣고 생선가시를 추리고 있어도, 가시에 찔리지 않는 이유가 궁금해서 식사 중인 입에 손을 넣어 잇몸과 입천장을 두루 만져봐도 입을 떡 벌린 채 가만히 있었다.

정원 공사가 있던 토요일 아침, 일하시는 분들의 요청에 의해 순돌이를 짧은 쇠줄에 묶어놓고 학교에 갔다 왔더니, 순돌이가 몸을 가늘게 떨며 나를 애절하게 쳐다보았다. 소변이 마려운 걸 직감하고 얼른 구석진 곳으로 데려갔더니 오줌을 끝도 없이 누었다. 목을 끌어안고 "순돌아, 미안해."를 수없이 반복하며 등을 쓸어주었다. 똥은 가리는 줄 알았지만, 오줌까지 가리는 줄은 미처 몰랐다. 순돌이가 오기 전까진 개를 그리 좋아하는 편이 아니었다. 그런데 짧은 목줄에 묶인 채 쥐를 잡을 만큼 날쌔고, 놀랍도록 영리한데다, 품위까지 갖춘 순돌이에게 점점 깊은 정이 들어갔다.

개울 건너 마주 바라보이는 아랫집에 참 좋은 이웃이 이사를 왔다. 초등학생 아들을 둔 젊은 아주머니였다. 우리 집은 지대가 약간 높았지만 두 집 다 담이 없어서 서로의 마당이 훤히 들여다보였다. 그 집에도 개가 한 마리 있었는데, 순돌이처럼 진돗개의 피가 섞인 수캐였다.

우리는 나이 차이가 한참 났지만 단번에 친해졌고, 전이나 과일 같은 음식들도 서로 나눠먹었다. 어느 날 접시에 무언가를 담아 가서 건네며 아주머니와 얘기를 나누고 있을 때였다. 갑자기 앞집 개가 묶여있던 끈을 풀고 나를 덮쳤다. 너무나 순식간에 일어난 일이었다.

개에게 물리기 두어 달 전, 한 사건이 있었다. 앞집 개가 목줄을 풀고 우리 집에 쏜살같이 달려오더니 순돌이에게 덤벼들었다. 처음엔 우리처럼 친구하는 줄 알았더니 그게 아니었다. 삽시간에 두 마리가 엉겨 붙어 싸우는데 한 마리가 어찌되어야 멈출 것 같이 맹렬했다. 진돗개는 호랑이도 잡는 맹수라더니 으르렁거리며 물어뜯는 모습이 무시무시했다. "이 나쁜 놈아, 너희 집에 가라."고 마구 소리를 지르며 몽둥이를 휘둘렀지만 눈곱만큼도 효과가 없었다. 물론 순돌이보다 침입자인 아랫집 개가 더 많이 맞았다. 개가 싸울 땐 물을 들이부어야 한다는 걸 그때는 몰랐다. 아랫집 아저씨가 싸우는 소리를 듣고 달려와서야 겨우 뜯어말렸지만 두 개 모두 살갗이 찢어지는 상처를 입었다.

나한테 얻어맞은 걸 기억한 복수였을까. 내 몸에서 순돌이 냄새가 났던 것일까. 친정어머니도 엉덩이를 물리고, 놀러온 친구도 손가락을 가볍게 물렸다더니, 혹시 사람 무는 재미가 든 탓일까. 그 모든 것이 다 복합된 이유였을까. 정확한 이유야 알 수 없지만 호시탐탐 기회를 엿보고 있었던 듯하다.

앞집 개는 아마도 내 목이나 얼굴을 노렸던 것 같다. 나는 엉겁결에 팔을 들어 얼굴을 가렸고 그 바람에 개는 내 겨드랑이를 물었다. 깜빡 혼절했다가 정신을 차려보니 나는 뒤로 자빠져 있었고 개는 내 허벅지를 입에 물고 있었다.

아주머니가 개를 끌어다 급하게 나무에 매었으나 무섭게 으르렁거리며 날뛰었다. 그 기세에 묶은 끈이 다시 풀릴 것만 같았다. 빨리 도망쳐야 하는데 물린 오른 다리와 오른 팔이 꼼짝을 안 했다. 너무 놀라서 정신이 없는 탓인지 마비가 온 탓인지 알 수 없었다. 아픔을 느끼지도 못했다. 아주머니는 나를 질질 끌어서 현관문 안에다 급히 집어넣고 재빨리 문을 닫았다.

그 순간 끈이 풀린 개는 현관문 앞까지 와서 포효하고 있었다. 공포가 온 몸을 휘감았다. 아주머니는 포도주를 한 병 갖고 나와 내 겨드랑이와 허벅지에 들이부은 다음 수건으로 묶었다. 흘러나온 피와 포도주로 입고 있던 옷과 현관 바닥이 불그스름하게 물들었다.

앞집 아주머니의 승용차를 타고 병원으로 달려가며 남편에게 전화를 걸었다. 혼자 남아있을 아랫집 아들이 걱정이 되어서였다. 내가 당하는 걸 다 내려다보았을 순돌이가 맹수로 돌변하면 어쩌나 몹시 불안했다. 순돌이를 빨리 다른 곳으로 옮겨달라고 했다.

입원한 지 며칠 뒤 수소문 끝에 개장수에게 연락이 닿았단다. 그 사람이 개장수인 줄 어떻게 알았을까. 끈을 풀 때까지 가만히 엎드려 있던 순돌이가 끈이 풀리자마자 쏜살같이 달아났다. 동작이 워낙 민첩해서 개장수가 30여 분을 잡으려고 애써보았지만 헛일이었다. 낭패스러워하는 개장수를 보고만 있을 수가 없어서 남편이 나섰다. 쪼그리고 앉아서 두 팔 벌리고 "순돌아, 이리온나." 했더니 품에 안겼다.

순돌이는 그렇게 남편의 품에서 개장수 차에 태워졌고, 철창이 내려졌다. 남편은 순돌이가 보통 개가 아님을 누누이 설명하며 좋은 곳에서 살게 해 달라고 부탁했다. 개장수도 자신이 보기에도 특별한 개 같다며, 영리한 개를 원하는 과수원이 있으니 그리로 보내겠다고 약속했다지만, 뒷이야기는 알 수가 없다.

붙잡혀 갈 줄 뻔히 알면서도 미련하도록 충직해서 주인의 부름에 거역하지 못한 순돌이 얘기를 전해 들으며 가슴이 미어졌다.

"그 바보가 내 품에 안기더라."

좀처럼 눈물을 보이지 않는 남편 눈에 물기가 어렸다. 나도 돌아서서 눈물을 훔쳤다.

그토록 마음이 아플 줄 순돌이를 보내기 전엔 미처 몰랐다. 내가 퇴원할 때까지만 맡아줄 곳을 적극 찾아보았더라면 얼마나 좋았을까! 아무 잘못도 없는 순돌이를 어딘지도 모르는 곳으로 보내버린 어리석음을 뼈저리게 후회하며 순돌이를 그리워했다. 혹시 길거리에서 순돌이와 비슷하게 생긴 개를 만날 때면 순돌이 이름을 소리쳐 부르며 뒤쫓아가서 확인하곤 했다. 그러나 순돌이는 끝내 다시 보지 못했다.

끝까지 책임지지 못하면 맡지 말았어야 했다. 한 번 마음 주어 믿고 따르도록 했으면 최소한 배신은 안했어야 했다. 수년이 지난 지금까지도 나는 순돌이를 잊지 못하고 있다. 반려견이나 반려묘를 키우는 사람에겐 그들이 모두 '나의 순돌이'일 것이다. 사랑의 보살핌 속에 모든 순돌이들이 수를 다할 수 있기를 바라본다.

미래의 에너지

 연일 쏟아지는 세계 곳곳의 극심한 가뭄, 통제 불능의 산불, 기록적 폭염과 폭우 등 극단적 이상기후의 소식이 서늘한 두려움으로 다가온다. 견디다 못한 지구가 탈진하여 두손 놓아버린 것일까.
 18C 중엽에 시작된 산업혁명은 인류의 역사를 바꿔놓았다. 그러나 탄소를 발생시키는 화석연료를 주 동력으로 하는 문명의 풍요는 미래를 담보로 하여 빌려 쓴 결과였다. 오늘날 지구 온난화라는 대재앙을 가져올 줄 짐작이나 했을까.
 사실 오래 전부터 지구는 계속 위험 신호를 보내왔지만, 생존에 급급해서, 시장논리에 밀려서 다가올 온난화의 재앙을 눈감아왔는지 모른다. 이제는 더 이상 미룰 때가 아니다. 북극 지역과 남극대륙의 만년설이 녹아내려 해수면이 상승하면서 해안지대에 거주하는 세계 인구의 30%가 침수 위험에 노출돼 있다. 뿐만 아니라, 만년설이 녹은 자리에 드러난 지표면이 열을 흡수하고, 언 상태로 만년설에 덮여있던 동식물 사체에서 미생물에 의한 분해가 촉진되어 다량의 메탄과 이산화탄소가 배출되고 있다.

가장 근본적인 해결 방법은 탄소중립을 만들어 더 이상의 지구 온난화를 막는 일이다. 탄소중립 또는 탄소제로란, 배출되는 탄소와 식물의 탄소동화작용 등으로 흡수되는 탄소의 양을 같게 하여 탄소의 실질적인 배출량을 0으로 만든다는 개념이다. 그러나 아직도 전 세계 에너지 생산의 화석연료 비중이 80%를 넘는다고 하는데 어떻게 단시간에 화석연료 의존에서 벗어날 수 있을까. 이미 지구를 되돌릴 골든타임을 놓쳐버린 것은 아닐까.

그런데 우연히 ENA에서 방영하는 글로벌 다큐멘터리 프로그램 '하늘에서 본 미래' 1부 에너지편을 시청한 후 마음이 환하게 밝아왔다. 2018년 IPCC(유엔 산하 기후변화에 관한 정부간 협의체) 총회에서 채택된 '2050년을 탄소 중립의 해'로 만들

자는 약속을 지키기 위해, 세계 곳곳에서 무공해 신재생에너지 연구가 활발하게 진행되고 있었다.

　바람의 나라 덴마크는 해상풍력발전 비율이 이미 70%를 넘어섰다고 한다. 한 걸음 더 나아가 인공에너지섬에 해상풍력발전단지를 조성하고, 에너지 수출까지 계획하고 있다. 세계 최대 해상풍력의 나라 영국은 대서양과 북극해가 맞닿는 바다에서 두 대양이 부딪히는 거대한 에너지를 이용한 조력발전도 추진 중이다. 아프리카 케냐는 전체 에너지 생산량의 40%를 소규모 지열발전으로 충당한다고 한다. 전 세계 지열발전이 가능한 지역의 불과 몇 %만 발전에 활용하고 있다고 하니, 지열발전의 전망이 매우 밝아보인다. 우리나라도 합천호수에 수상태양광발전 시설이 있어, 연간 4만 2천여 명의 합천 군민이 1년 반 정도 쓸 수 있는 양의 전기를 얻고 있다. 합천의 군화인 매화를 본뜬 패널은 마치 물 위에 띄워놓은 꽃송이들 같았다. 땅을 차지하지 않고 유휴 수면을 활용한 점이 신선했다. 이 외에도 제2, 제3의 수상태양광발전소가 준공, 운영 중이거나 추진되고 있다고 한다.

　이처럼 세계는 지금 자국의 입지 조건에 따라 탈 탄소화를 향해 힘껏 나아가고 있다. 이는 죽어가는 지구를 살려야 한다는 대명제를 달성하기 위한 것일 뿐만 아니라, 앞으로 신재생에너지의 비율이 일정 수준을 넘지 못하는 국가에게는 수출입에 패널티를 물리는 현실적인 제약 때문이기도 하다.

그런데 기상 조건에도 구애받지 않고, 밤낮없이 태양광발전을 할 수 있다면 어떻게 될까? 바로, 축적된 우주산업기술의 노하우로 미국에서 시도되고 있는 우주에서의 태양광 발전이다. 태양이 항시 빛나는 위성우주태양광 플랫폼에서 에너지를 만들어 마이크로파 빔 형태로 지구로 송신할 것이라고 한다. 이것이 실현되는 날 엄청난 양의 깨끗한 에너지를 영구히 얻게 될 것이다.

더욱 놀라운 일은 인공태양 만들기 프로젝트였다. 즉, 태양에너지와 같은 핵융합에너지를 만든다는 것이다. 이는 우라늄 등의 핵분열에너지를 이용하는 현재의 원자력발전과는 달리, 수소의 핵융합에너지를 이용하는 원자력발전이다. 그러므로 탄소는 물론, 방사선 등의 핵폐기물이 없다. 거기다 핵분열과는 비교도 안 되는 엄청난 에너지를 얻을 수 있다. 그 선두주자가 대한민국이라고 하니 몹시 자랑스러웠다.

현재 세계에는 우리나라의 KSTAR와 같은 핵융합실증로가 120여 개 실험 중에 있다. 또, 프랑스에 우리나라를 비롯한 세계 35개국이 참여하는 대형 국제핵융합 실험로(ITER)를 설치하고 핵융합발전 가능성에 대해 연구하고 있다. 엄청난 경비와 기술이 필요한 프로젝트인 만큼 세계가 공조하고 있다고 한다. 핵융합에너지가 상용화 된다면 그 어마어마한 에너지로 지구와 문명을 동시에 지킬 수 있게 될 것이다.

 SF영화에서나 볼 수 있었던 꿈같은 일이 현실이 될 것이라니 놀랍기만 하다. KSTAR의 한 연구원은 3,40년쯤 후에는 핵융합에너지의 상용화가 이루어질 것으로 예측되고 있으나, 기술이 빠른 속도로 발전하고 있어서 앞당겨질 가능성도 있다고 했다.

 그런데 문제는 탄소제로에 이르려면 아직 많은 시간이 필요하다는 점이다. 그날이 올 때까지 지구 환경을 어떻게든 지켜내는 일은 오늘을 살아가는 우리에게 맡겨진 시대적 사명이다. 머뭇거리는 동안에도 시간은 흐르므로 더 늦기 전에 당장 실천에 옮겨야 한다.

 다행히 신재생에너지에 대한 관심과 연구 개발은 물론, 탄소 배출을 줄이고자 하는 의식이 점차 사회 전반으로 확산되고 있어 고무적이다. 당근마켓이 더욱 활성화되고 있고, 아나바다 운동이 생활 속에 깊이 뿌리내리고 있다. 상품의 과대포장이 자제되고, 무 라벨제품이 늘어나고 있으며, 일회용 컵과 플라스틱 빨대가 사라지고 있다. 머그컵을 손에 든 사람, 장바구니를 이용하는 사람이 자주 눈에 띈다. 나도 여기에 동참하며 일회용품 가능한 안 쓰기, 절수, 냉난방기 절제, 에너지 고효율 전자제품 구입, 로컬푸드 애용하기 등을 실천하고 있다.

이미 오염된 자연으로 인한 심각한 기후 이변은 다년간 계속될 것이라고 한다. 여기에 대비하면서 탄소 중립을 위한 노력을 게을리 하지 않는다면 지구는 필히 건강한 모습을 차차 되찾게 될 것이다.

화석 연료를 쓰지 않는 세상, 굴뚝에 연기가 사라지고, 자동차 매연이 없는 세상, 무공해 에너지가 풍부한 지구는 어떤 모습일까. 상상만으로도 가슴이 뛴다.

취미는 소중해

　지난날을 돌이켜보면 가슴이 떨리는 순간 속에 행복이 있었다. 그리운 이를 만났을 때, 첫아이를 가슴에 안았을 때 그런 행복을 맛보았다. 아름다운 예술과 마주했을 때도 작은 떨림의 순간들이 있었다. 그래서 나는 여건이 허락하는 한 예술의 자리를 찾으려고 애쓴다. 미술관을 방문하고, 문학작품을 읽고, 공연장을 들락거린다. 그 중에서도 청각이 예민한 탓일까. 아름다운 음악을 들었을 때 더욱 가슴 떨리는 감동에 젖는다.
　처음으로 음악에 매료되었던 순간은 열두세 살 무렵 원예고등학교에 산책을 나갔을 때였다. 교정에서 흘러나오는 아름다운 선율에 이끌려 원예실습장에 들어섰다. 산들바람을 타고 운동장을 건너온 바이올린 선율이 연못 수면에 잔잔한 파문을 일으키고, 풀잎들을 살랑이게 하고, 가슴을 설레게 만들었다. 감미로운 쓸쓸함이, 충만한 평화가 마음 가득 차올라서 시간 가는 줄 모르고 음악에 귀를 기울였다. 그 선율이 차이콥스키의 발레 음악 '백조의 호수'라는 건 한참 후에야 알았다.

 FM 음악방송이 시작되기 전이라 학교 음악시간이 클래식을 접할 수 있는 유일한 통로였던 학창시절엔 클래식 음악에 목말랐다. 그래서 졸업을 하고 취직을 하자마자 전축도 없이 레코드판부터 샀다. 총 30장으로 구성된 교향곡 명곡집이었는데, 곡에 대한 해설을 읽으며 까맣게 윤기 나는 LP판을 바라보는 것만으로도 마음이 설렜다. 잠자고만 있던 레코드를 턴테이블에 얹기까지는 몇 년의 세월이 더 필요했다. 비록 일체형 오디오 콤포넌트였지만, 턴테이블에 바늘을 올려 놓던 첫 순간의 떨림을 지금도 기억한다.

 결혼과 육아로 정신없이 바빴던 시절엔 아이들을 재울 때 클래식 소품들을 들려주었을 뿐, 음악을 잊고 살았다. 다시 음악에 귀를 기울이게 된 것은 FM방송으로 사무엘 바버의 '현을 위한 아디지오'를 들은 뒤부터였다. 강렬하면서도 깊은 슬픔이 배어나는 멜로디가 온몸에 소름이 돋게 했다.

이 음악을 다시 듣게 된 것은 영화 플래툰에서였다. 추모곡으로 손꼽히는 이 음악이 마지막 장면에서 흘러나왔을 땐 마치 이 영화를 위해 작곡된 음악 같았다. 구조 헬리콥터가 급박하게 이륙한 순간 뒤늦게 달려온 병사가 두 손을 높이 쳐들고 필사적인 구조 요청을 하는데, 사방에서 날아온 총알이 병사의 몸에 무수히 박힌다. 더 이상 지체할 수 없는 헬리콥터는 포연이 자욱한 전장 위를 날아가고 이 음악이 흐른다. 사선을 함께 넘나들었던 전우를 눈앞에 두고도 그냥 떠날 수밖에 없는 비통함, 전쟁의 포악성과 잔인함을 이 음악이 극명하게 드러내고 있었다. 영화를 본 사람들이 이 마지막 장면을 잊지 못하는 데는 '현을 위한 아다지오'의 역할이 컸기 때문이라고 생각된다.

음악이 이토록 사람의 마음을 움직이는 힘이 있음을 새삼 깨달으며 성가대와 지역의 합창단에도 가입했다. 4성부가 조화롭게 화음을 이루는 순간에는 그 아름다움에 취해 목소리가 떨려 나왔다. 내 목소리로 직접 만들어내는 화음은 또 다른 기쁨을 선사해 주었다.

어제는 친구들과 헨델의 오라토리오와 오페라 아리아를 중심으로 한 바로크 음악 연주회에 다녀왔다. 모든 연주가 훌륭했지만, 헨델의 오페라 '줄리오 체자레(줄리어스 시저)' 중 아리아 '내 운명에 눈물을 흘려요'는 노래가 끝날 때까지 숨을 제대로 쉴 수가 없었다. 성악가가 노래를 부르는 것이 아니라 몸속에 갇혔던 소리들이 제 스스로 터져 나오는 것 같았다. 때로는 실개천처럼 가냘프게, 때로는 폭포수처럼 강렬하게 쏟아졌다. 남동생과의 이집트 패권 다툼에서 패하고 포로로 잡힌 클레오파트라가 자신의 신세를 탄식하고 복수를 다짐하며 부르는 노래인데, 섬세한 표현력이 청중을 압도했다. 사람의 목소리가 가장 훌륭한 악기라는 말이 절로 실감났다.

앵콜곡으로 부른 '집으로 가는 길'은 가사와 멜로디가 제목처럼 따뜻했다. 반주 없이 아카펠라로 부른 4부 합창이 티 없이 맑아 감동을 더했다. 관객들은 한참을 그대로 앉은 채 빈 무대를 향해 오래오래 박수를 보냈다. 노래의 여운 속에 계속 머물고만 싶은 행복한 순간이었다.

사람은 성향에 따라 행복을 느끼는 분야가 다른 것 같다. 한 친구는 이젤 앞에 앉아서 그림을 그리는 순간이 제일 행복하다고 한다. 오랜 시간 기다려 원하는 사진 한 장 얻을 때 행복을 느낀다는 친구도 있다. 또 한 친구는 재봉틀 앞에 앉아 예쁜 소품들을 만들 때가 가장 충만하다고 한다.

각자 소질이나 취미에 따라 관심 갖는 분야가 달라도 가슴 떨리게 하는 무언가를 가진 사람은 행복하다. 물질적인 것이 다 갖춰졌다 할지라도 떨리는 가슴이 없다면 삶이 얼마나 밋밋

할까. 행복은 물질의 풍요보다 정신의 풍요에서 더 크게 오는 것 같다. 귀갓길 내내 포만감 같은 행복감이 마음을 그득 채웠다.

두 마음

오랜만에 부산 나들이를 하고 돌아오는 길이었다. 구서역에서 지하철을 탔다. 가방에서 책을 꺼내 막 읽기 시작하는데, 누군가가 소리 없이 다가와 옆자리에 앉더니 말을 걸었다.

"저……."

목소리에 반가움 같은 게 전혀 묻어있지 않으니 지인일 리는 없었다. 조심스럽고 주저하는 듯한 어투로 보아 뭔가를 청하려는 의도가 분명해 보였다. 순간 귀찮고 성가신 기분이 들었지만, 시선이 느껴져 고개를 들지 않을 수 없었다. 얌전한 얼굴의 몸집이 작은 노인이었다. 차려입은 옷도 의외로 깨끗하고 단정

했다.

"집에 갈 차비를 좀 보태줄 수 있을까요?"

입가의 비굴한 웃음이 거짓이라는 것을 말해주고 있었다. 공짜 지하철을 타고 가면서 무슨 차비를 보태달라는 건지도 모를 일이었다. 불쑥 불쾌한 감정이 솟구쳤다.

이태 전에 부산역에서 당했던 일이 생각났다. 땅거미가 질 무렵, 기차를 타기 위해 바삐 역사를 향해 걸어가고 있을 때였다. 정장 차림의 중년 신사가 다가왔다. 부산에 출장 왔다가 돌아가는 길인데 지갑을 소매치기 당했다면서 차비를 좀 보태줄 수 있겠냐고 물었다. 표정도 진실해 보였고, 서류가방까지 들고 있어 의심할 여지가 없었다. 얼마나 필요한지 물었더니 집이 대구라 만 원만 있으면 된다고 했다. 외지에서 난감한 일을 당한 그의 처지가 안쓰러웠다. 망설임 없이 지갑에서 만 원짜리 한 장을 꺼내주며 잘 가시라고 인사까지 건넸다.

그런데 얼마 후 같은 부산역에서 똑같은 모습으로 사기 행각을 벌이는 그 남자를 목격했다. 실소가 터져 나왔다. 분하다기보다 사기꾼임을 알아보지 못한 나 자신이 바보 같아 입맛이 썼다.

다시는 안 속겠다고 결심했는데, 노인이라는 점이 마음을 약하게 했다. 그날따라 지갑을 갖고 나가지 않았고, 주머니엔 천

원짜리 두 장밖에 없었다. 그 덕분에 한 가지 갈등으로부터는 자유로워졌다. 다행이라는 생각이 빠르게 머리를 스치며 지나갔다. 지폐 두 장을 손에 쥐었다. 그런데 부산역에서의 불쾌했던 기억이 마음을 옹졸하게 만들었다. 달랑 한 장만 내밀며 이것 밖에 없다고 거짓말을 했다.

"동전은 없을까요?"

흔들리는 내 눈빛을 읽은 것일까. 노인이 내 눈을 똑바로 들여다보며 물었다. 동전을 달라는데 누가 거절할 수 있겠는가. 참 영악한 노인이라는 생각을 하며 주머니의 동전을 털어 노인의 손바닥 위에 얹어주었다. 천 사백 원이 기대에 한참 못 미치는지 인사를 하는 둥 마는 둥하고 통로를 천천히 걸어서 다른 사람의 옆자리로 갔다. 나는 노인의 구걸 행각을 더 이상 보고 싶지 않아서 그만 시선을 책으로 돌려버렸다.

종점인 노포동 역에서 내려 출구를 향해 걸어가는데 노인이 마주 걸어오고 있었다. 안쪽의 엘리베이터를 이용할 모양이었다. 그런데 노인의 얼굴 표정이 다른 사람 같았다. 학식과 교양을 갖춘 노신사로 보였다. 아까의 비굴한 웃음기가 말끔히 사라진 얼굴엔 쓸쓸함과 외로움만이 가득 배어있었다. 나와 스쳤지만 노인의 눈은 허공을 향한 채여서 다행히 시선이 마주치지는 않았다.

순간 가슴이 덜컥 내려앉았다. 노인은 자신의 청을 들어줄 만한 사람으로 믿고 나를 선택했는데 나는 그의 믿음을 짓밟았다. 비굴한 웃음이라고 멋대로 속단한 그 웃음이 혹시 겸연쩍고 쑥스런 마음의 표출이 아니었을까. 그의 자존심은 얼마나 큰 상처를 입었을까. 인파를 거스르며 쓸쓸히 걸어가는 뒷모습을 한참 바라보았다.

신용카드로 언양행 직행버스를 타고도 그 노인의 생각이 머리를 떠나지 않았다. 노포동 종점에서 본 노인의 모습은 구걸에 나서기 전에는 스스로 자존감을 지키며 품위 있게 살았음에 틀림없어 보였다. 어찌하다 저 지경이 되었을까. 모든 걸 다 내려놓고 구걸에 나서야 했다면 얼마나 딱한 사정이 있는 걸까. 혹시 아내가 중병에 걸린 건 아닐까. 엄동설한에 노인이 거리로 나섰는데 인간미 없이 속 좁게 굴었던 일이 자꾸만 후회가 되어, 마저 털어주지 못한 애꿎은 천 원짜리만 돌돌 말았다 폈다를 반복했다.

버스에서 내리니 짧은 겨울 해는 어느덧 서산으로 넘어가고 차가워진 칼바람이 거리를 휩쓸고 있었다. 노인의 발걸음도 지금쯤 집으로 향하고 있을까. 방은 꽁꽁 언 몸과 마음을 따뜻하게 녹여줄 만큼 따뜻할까. 노인의 모습이 자꾸만 눈에 밟혔다.

가시

30여 년간 교직에 있으면서 보석 같은 아이들을 참 많이 만났다. 초임지의 혜숙, 호윤을 비롯해서 석준, 광민, 태연, 자연, 초은, 세연, 재석, 정훈, 귀순, 기동, 명립, 정재, 은애, 용주, 한주, 욱희, 인호……. 잠시만 생각해도 생각나는 이름이 끝이 없다.

퇴직하고 가장 후회되었던 점은 가르치는 일에 힘을 쏟은 나머지 사랑을 표현하는 데는 충분한 시간을 할애하지 못했다는 점이었다. 한 자 더 가르치는 것보다 한 번 더 안아주어 자신이 사랑받는 존재임을 깨닫게 해야 했다. 그것이 무엇보다 중요하

다는 것을 그때는 미처 깨닫지 못했다. '지금 아는 것을 그때도 알았더라면' 살아갈수록 절감하는 말이다

또 하나는 융통성이 없었다는 점이다. 눈만 부릅떠도 충분한 아이가 있는가 하면, 매를 들어도 그때뿐인 아이도 있다. 벌의 효과가 개개인에 따라 다르므로 같은 잘못이라도 동일한 벌을 적용하기가 난처하다. 그러나 아이들 눈에 공정한 교사라는 이미지를 심어주기 위해 한결같은 잣대로만 대했다. 상도 마찬가지였다. 이런 나의 태도로 말미암아 아직도 빼내지 못한 손톱 밑 가시처럼 지워지지 않는 아픔 하나가 있다.

어느 해 5학년을 담임했는데 태오라는 아이가 있었다. 선량하고 의젓한 아이였다. 여름방학이 끝나고 새까맣게 타서 왔다. 방학 내내 아버지와 유럽 배낭여행을 다녀왔다고 했다. 태오는 나를 세 번 놀라게 했다.

점심 급식시간에 밥을 여느 때보다 많이 먹어서 놀랐다. 웬일이냐고 물어보니, 여행 중에 햄버거로 끼니를 때웠던 때가 많아서 김치와 밥이 엄청 먹고 싶었다며 씨익 웃었다. 간단히 한 끼를 때우기 좋은 음식이 햄버거다. 결코 많은 돈을 들여서 한 여행이 아니었음을 짐작할 수 있었다. 아들의 견문을 넓혀 주기 위해 무거운 배낭을 짊어지고 한 달 꼬박 유럽을 돌았을 아버지의 부성애가 진하게 느껴졌다.

태오가 내미는 방학숙제를 보고 또 한 번 놀랐다. 전지 크기의 마분지에는 서유럽의 역사적인 장소를 찍은 사진이 설명을 곁들여 나라별로 일목요연하게 정리되어 있었다. 자세히 관찰하고, 정성들여 만든 흔적이 역력했다. 학습 교재로 쓰기에도 부족함이 없었다.

세 번째 놀란 것은 태오를 교탁 앞으로 불러내어 가장 인상 깊었던 것을 물었을 때였다.

"시골길을 걷고 있을 때였어요. 한 아저씨가 길 한가운데 앉아 계시더라고요. 무얼 하시나 들여다봤더니, 작은 벌레 한 마리를 나뭇잎 위에 올리고 계셨어요. 그 벌레를 길섶으로 데려다 주시던 모습이 제일 기억에 남아요."

전혀 예상 밖의 대답이었다. 웅장하고 화려한 것에 마음을 빼앗길 나이인지라 프랑스의 에펠탑이나 독일의 고성, 영국의 국회의사당 같은 걸 얘기할 줄 알았다. 그런데 태오는 어떤 위대한 문화유산보다 생명을 소중히 여기는 아저씨의 태도에서 가장 깊은 감명을 받은 모양이었다. 삶을 돌아보고 인생을 성찰하면서 깨닫게 되는 것이 생명에 대한 경외가 아닌가. 태오가 기특하고 예뻤다.

당시엔 방학 숙제가 있었다. 방학책 풀기, 곤충 채집, 책 읽고 독후감 쓰기, 그림 그리기, 글짓기, 일기쓰기 등이었다. 개학을 하면 숙제를 성실하게 한 아이들에게 학교장 상을 주었다.

나는 뜨거운 태양에 새까맣게 그을려가며 여러 나라를 견학하고, 귀한 교훈까지 얻고 온 태오에게 상을 주어 칭찬하고 싶었다. 그 결과물도 방학 숙제 못지않게 훌륭하지 않은가. 그러나 기준이 학교에서 내어준 숙제에 있으니, 어쩔 수 없었다. 혹시 태오가 부러운 아이에게는 상대적 박탈감을 안겨주지 않을까 염려도 되었다.

지금도 그 일이 내 마음에 가시가 되어 걸려 있다. 학교장 상이 아니더라도 얼마든지 대안이 있었는데 생각이 미치지 못했다. 담임 이름으로 상장을 주거나, 작은 선물로 격려해 줄 수도 있었다. 하다못해 상을 줄 수 없어 안타까운 내 마음을 솔직하게 전하고, 선생님 생각에는 태오의 방학 숙제가 최고였다고 말해주었더라면 얼마나 좋았을까. 땀 흘린 한 달이 태오에게 더욱 소중한 추억으로 남지 않았을까. 융통성 없었음을 자책하며 때늦은 후회를 한다. 태오는 지금 어디서 무엇이 되어 있을까. 생명을 사랑할 줄 아는 마음 따뜻한 어른으로 자라, 그의 아버지처럼 가족을 사랑하며 살고 있지 않을까. 오늘따라 태오와 그 시절 내 어린 제자들이 몹시 그립다.

교만

현직에 있을 때의 일이다. 어버이날이 다가오면 학부모 운동회가 열리곤 했다. 교사들의 주머닛돈으로 간단한 다과를 차려 놓고 방과 후에 학부모들을 초청하여 운동 경기를 펼쳤다. 릴레이, 줄다리기, 훌라후프 돌리기, 큰 공 굴리기, 배구 등이었는데, 배구를 제외한 모든 경기를 학년 대항으로 했다. 물론 명예뿐인 우승이었지만, 우승을 향한 열기가 매우 뜨거워서 출전하는 선수도 응원하는 사람도 흥겨운 한마당이었다. 배구는 저학년 팀과 고학년 팀으로 나누었다. 우승한 팀은 여교사 배구팀과 다음 날 점심시간을 이용해서 친선 경기를 펼치기로 되어 있었다.

9인제 배구였는데, 내 포지션은 중위 레프트였다. 그 자리는 공격수의 자리로서 스파이크나 페인트가 되는 사람이 서야 하지만, 우리 팀에 그럴 만한 사람이 없었다. 그래서 내가 네트를 넘어 온 공이나 후위에서 받아 올린 공을 전위나 중위 센터 쪽으로 높이 띄워 주는 역할을 하고 있었다. 우리는 어머니 팀에게 진다면 체면이 말이 아니라며 틈틈이 손발을 맞추었다.

우승한 어머니 배구팀과 경기를 하는 날이었다. 교사들과 오후 수업이 남은 고학년 아이들과 학부모들이 배구장으로 몰려들었다. 그런데 나보다 뒤에 전근 와서 같은 포지션에 번갈아 서는 2년 선배가 있었다. 양보해야 할까, 양해를 구해야 할까 잠깐 망설였지만, 선수로 뛰고 싶은 마음과 경기에 이기고 싶은 욕심이 앞서서 그 생각을 눌러버렸다. 그 욕심의 저변에는 내 실력이 더 낫다고 생각하는 교만이 도사리고 있었다. 나는 파이팅을 외치며 배구 코트로 들어갔다.

"우리 엄마 이겨라!"

"우리 선생님 이겨라!"

경기는 뜨거운 응원전 속에 흥미진진하게 치러졌다. 엎치락뒤치락하며 백중세를 보이다가 아슬아슬한 점수 차로 여교사 팀이 먼저 두 세트를 따냈다. 3전 2승제였으므로 세트 스코어 2

대 0, 여교사 팀의 승리로 끝났다. 나도 큰 실수 없이 경기를 치렀고, 서브 포인트까지 얻어 기분이 좋았다. 선수들은 서로 상대 선수를 칭찬하고 격려하며 악수와 포옹을 나누었다. 오후 수업이 없는 교사들과 학부모들이 다과가 차려진 빈 교실로 가고, 오후 수업이 있는 교사들은 교실로 향했다.

나도 오후 수업이 있었으므로 교실을 향해 발걸음을 떼어놓을 때였다. 나와 포지션이 같은 선배가 다가와서 원망스런 표정으로 이렇게 말했다.

"우리 반 아이들하고 학부모한테 내가 선수로 뛴다고 다 말해 놨는데, 왜 김 선생이 섰노!"

'내가 무슨 짓을 한 것이지?' 순간 정신이 아득했다. 선배의 상처 입었을 자존심과 학부모와 아이들 앞에서 곤혹스러웠을 처지를 생각하니 어찌할 바를 모르게 미안했다. 나는 선배 교실로 뒤따라갔다.

"선배님, 미안합니다. 잘못했어요. 저는 그저……."

눈물이 쏟아졌다. 눈물을 뚝뚝 흘리며 '미안하다, 잘못했다'만 되풀이했다. '이기고 싶은 생각뿐이었다'는 말은 삼켰다. 이기기 위해서는 내가 서야 하지 않겠느냐는 속교만을 들킴으로서 자칫 선배의 심장을 한 번 더 찌르는 실수를 저지를 뻔했다. 솔직히 말해서 우리 둘의 실력은 도토리 키재기라, 선배는 자기가 더 낫다고 생각했을 수도 있다.

난데없는 울음소리에 옆반 선생님도 무슨 일인가 보러 오시고 아이들도 창문 밖으로 얼굴들을 빠끔히 내밀었지만, 교만했던 부끄러움이 더 커서 창피한 줄도 몰랐다. 오히려 선배가 당황해서 말을 더듬었다.

"이렇게까지 사과할 일은 아닌데……. 내가 오히려 미안하네!"

그땐 미처 생각 못했다. 지금 생각하니 내 행동이 남 보기에 선배가 오히려 가해자인 것처럼 비치게 한 건 아니었는지, 다시 한 번 죄송스런 마음이 든다.

얼마만큼 살아야 교만에서 벗어날 수 있을까? 그때로부터 강산이 두 번이나 더 변했는데 교만은 아직도 내 고해성사의 단골 메뉴다. 부끄러웠던 일을 글로 써서 고백하는 것도 한 방법이 될 수 있을까?

Amor Fati

 '산다는 게 다 그런 거지. 자신에게 실망하지 마. 모든 걸 잘할 순 없어. 오늘보다 더 나은 내일이면 돼. 인생은 지금이야 아모르 파티.'

 긍정적인 가사와 중독성 있는 흥겨운 리듬이 묘하게 마음을 끌어 나도 모르게 흥얼거리게 되는 노래다. 벚꽃이 눈처럼 흩날리던 날, 작천정 야외 특설무대에서 이 노래를 부르던 여가수의 모습은 가히 환상적이었다. 긴 드레스 자락을 휘날리며 '아모르 파티' 부분을 열창할 땐 관중석에서 환호성이 절로 터져 나왔다.

국민애창곡이 된 이 노래의 제목은 '아모르 파티'다. 니체의 운명관을 나타내는 용어로 '운명에 대한 사랑運命愛'이라는 의미를 담고 있는 라틴어다. 나는 니체와 그의 철학에 대해 잘 모른다. Amor Fati라는 용어가 품고 있는 사상에 대해서도 알지 못한다. 단지 '아모르 파티'라는 말에 호기심이 일어서 '니체와 함께 아모르 파티'라는 책을 읽어보았을 뿐이다. 이 책을 통해 조금 엿보게 된 Amor Fati의 의미가 내 마음을 깊이 사로잡았다.

니체는 운명, 즉 자기 앞의 삶을 사랑할 줄 아는 사람이야말로 위대한 인간이라고 말한다. 심지어 고통조차 회피하거나 저항할 것이 아니라, 긍정적으로 받아들이고 창조적인 에너지로 사용하라고 권고한다.

실제로 니체는 그렇게 살았다. 평생 동안 두통을 비롯한 신체적 통증과 정신적 우울을 겪었다. 특히 30대 중·후반에 걸쳐 질병과 치유 사이에서 극심한 고통을 체험한다. 안통眼痛까지 겹쳐 글 읽기가 어려울 정도로 시력이 저하되자, 책을 덮고 자기만의 사유에 집중하여 철학적 각성을 하게 되는 기회가 된다. 그는 그 시절을 회고하며 이렇게 말한다.

'나의 삶에서 가장 아팠고 고통스러웠던 그 시절에 내가 느꼈던 행복보다 더 큰 행복을 결코 가져보지 못했다. 고통은 낡은 껍질을 벗고 자신에게로 귀환하는 계기가 되었으며, 더 섬

세해지고 쾌활해진 감각과 기쁨 안에서 더욱 영리해진 사람으로 다시 태어났다.'*

투병 중 또는 그 직후에 집필 활동이 더욱 활발하게 이루어졌는데, 고통에도 불구하고 불굴의 의지로 집필한 것이 아니라 고통이 제공해 준 명석함으로 썼다고 한다. 나로선 도저히 흉내조차 낼 수 없는 내면의 깊이다.

누구나 고통이 지나간 후엔 이전과 달라진 성숙한 자신의 모습을 발견하게 된다. 그러나 니체처럼 고통의 한가운데에서 그 고통을 긍정적으로 받아들이고 창조의 에너지로 사용하기는 쉽지 않다. 나의 경우 고통과 슬픔을 이기지 못해 원망과 탄식으로 소중한 시간을 탕진하다가 급기야 건강마저 갉아먹었다.

운명의 시계가 자정을 향해 가는 요즘엔 그 시간들조차 소중한 내 삶의 한 부분이었음을 절실히 깨닫는다. 어느 시인의 싯귀처럼 모든 것은 일순간에 지나가고, 지나간 것은 그리워지기 마련인가보다.

평탄하기만 한 인생이 어디 있으랴. 우리는 누구나 크고 작은 시련과 고통을 겪으며 살아간다. 모든 이가 고통 속에 함몰되지 않기를, 고통조차 소중한 내 인생이며 나를 성장시킬 것을 믿기를, 그저 견뎌내거나 감추려하지 않고 니체처럼 긍정적으로 받아들이고 창조적인 에너지로 사용할 수 있기를, 그리하여 인생 여정의 모든 시간들을 소중히 여기고 사랑하기를 바라본다. 언젠가 책에서 읽어 잊혀지지 않는 글 한 대목을 옮겨 적는다.

'운명의 여신이 휘몰아오는 빈 마차의 바퀴소리를 듣기 전에 금싸라기 같은 청춘의 날들을 둘로 쪼개어 쓰십시오.'

마음이 늙지 않았다면 우리는 언제나 청춘이다.

* 류재숙, 『니체와 함께 아모르 파티』, 그린비, 2024, p367

발문

'새봄'을 통해서 본 내면의식의 풍경

『라라의 털모자』를 읽으면서 잠시도 책을 놓지 못하는 즐거움이 있었다. 작가와 독자의 경계가 분명 있을 법한데, 내가 작가가 된 듯 작가가 내가 된 듯 흥미진진하였다.

좋은 수필은 이렇듯 작가가 반쯤 쓰고 독자가 감동으로 나머지를 채우는 글이다. 작가의 개별적 체험을 독자가 자기의 것으로 일반화하여 마치 내 일인 양, 설사 내 일이 아니어도 그런 일들이 생긴 듯 일체화하는 힘이 있기 때문이다.

돌아보면 김인옥의 수필을 들여다보게 하는 에피소드가 있었다.

신실한 신앙을 가졌다고 알려진 그가 어느 날 이런 말을 했다. "성경, 특히 신약성경을 보면 하느님께서 얼마나 우리를 사랑하시는지 알 수 있습니다. 그래서 당신께서 참을 수 없는 기쁨으로 인간을 창조하셨다고 한 중세 신학자의 말에 전적으로 동의합니다. 그 지극한 사랑으로 본다면 지옥은 없다고 생각해요. 아마 서로 돕고 사랑하며 살라는 가르침이 아닐까요? 저는 이렇게 신앙이 깊지 못해요. 성경 말씀도 의심하니까요." 평범을 넘어서는 한층 깊어진 믿음의 말이요, 문학적 반전이었다. 그에게 신앙은 겉으로 보여지는 것이 아니라 이미 체화, 육화를 거쳐 내면에 스며들어서 몸의 말이 된 것이다.

이번 수필집 표지는 미대 교수인 사위가 디자인하였고, 본문의 삽화는 초등학교 손녀가 맡았다. 보통 수필집에서 흔히 볼 수 없는 조합이다. 기존의 수필집에 익숙한 주변인들이 이런저런 조언을 했을 때 그의 답은 단호했다. "당신들은 스쳐가며 한번 보는 책일 수 있지만, 나는 평생 품어야 하는 책이기에 더없이 만족한다."였다. 그에게 수필은 단순히 취미이거나 자기 표출의 수단만이 아니라 삶의 총체적인 합으로 이해되는 부분이다. 이런 일화는 그의 수필이 자기만의 영역을 분명하게 지향하고 있음을 말해준다.

김인옥의 수필에 등장하는 인물은 8살 때 돌아가신 아버지와 34살에 딸 셋을 데리고 혼자가 된 어머니, 50에 먼 타국에서 세상을 떠난 동생, 참으로 어렵게 지냈던 유년의 자신 그리고 소소한 이웃들이다. 이렇게 주어진 환경들이 우리를 가슴 저미게 하고, 가끔은 유쾌하게도 한다. 또한 이런 설정들이 그의 외유내강의 내면을 선명하게 보여 준다.

그가 수필에 입문하여 처음으로 선보인 작품이 「새봄」이다. 이 작품은 그의 수필을 이해하는 단초이기도 하고, 출발점이며, 그의 내면의식을 대변하는 방점이기도 하다.

10년 전, 엄마와 하나뿐인 동생을 연이어 잃고 나는 서서히 죽어가고 있었다. 세상 모든 것이 다 귀찮고 살아내는 것 자체가 너무 힘겨웠다.(중략)

엄마와의 이별은 연세도 높으시고 지병도 있었으니 그리 어렵진 않았다. 가장 고통스러웠던 건 나이 50에 떠나버린 천사 같던 내 동생에 대한 사무친 그리움이었다. 아직 초등학생인 막내딸이 눈에 밟혀 차마 눈을 감지 못하고 어찌하든지 살아보려고 눈물겨운 투병생활을 하던 동생은, 장장 3년이라는 긴 암 투병으로 종잇장처럼 마르더니 결국은 갔다. 살이란 살은 다 빠지고 뼈도 얇아져서 어쩌면 사람이 저리도 납작해질 수 있을까 싶게 야위어서 갔다.

어렸을 때부터 저보다 남을 먼저 배려하던 아이, 늘 남을 도우며 봉사의 삶을 살던 아이, 언니 같은 사람 없다며, 내가 제 언니인 것이 고맙고 자랑스럽다며 뭐든지 따라 하던 아이, 내가 감기만 걸려도 호들갑을 떨며 걱정하던 아이였는데 자기가 먼저 갔다. "언니야, 사랑해!" 마지막 말을 남기고 기어이 가고 말았다. 왜 나는 동생이 그 지경이 되도록 눈치채지 못했을까! 그렇게 떠나버린 동생이 너무도 원망스러웠으며, 그를 속수무책으로 보내버린 나 자신을 도저히 용서할 수가 없었다. 무엇보다 못다 해준 사랑 때문에 미칠 것만 같았다. 혼자 있는 시간이면 후회와 그리움이 사무쳐 동생의 이름을 부르며 통곡했고, 먹고 자는 일에 소홀했던 나머지 자가 면역 결핍증의 하나인 혈소판증가증이라는 희귀병에 걸리고 말았다.

그의 수필을 읽고 궁금증이 드는 건 자매의 죽음에 왜 그리 집착하는 것일까였다. 또한 그 어려움 속에서도 대학까지 나와 교사생활을 할 수 있었을까 하는 점이다. 그는 물론이고 동생도 간호대학을 나와 간호사 생활을 하지 않았는가.

젊은 나이에, 지금으로 친다면 결혼을 막 생각해 볼 나이에 딸 셋과 함께 남겨진 어머니로서 할 수 있는 일은 시장 난전에서의 곤궁한 삶이었다. 작가는 중학교 때부터 과외지도를 했다. 중학교에 들어갈 수 있었던 것은 미루어 보아 입시에서 수석을 차지했던 모양이다. 고등학교 때는 입주 과외를 했고, 방학 때면 서너 군데 더 다녀야 했다. 대학 입학 때는 언니의 결혼 빚을 갚기 위해 어머니가 2년 동안 남의 집 입식생활을 했고, 동생은 고등학교 입학을 1년 미루었다. 대학 입학금이 없어 중학교 은사를 찾아가 손을 내밀었다.

스무 살, 대학 1학년인 그녀가 한 장 밖에 없는 구멍 난 러닝셔츠를 훤히 비치게 입고서도 남의 시선을 느끼지 않았다는 대목에서는 그만 처연해진다.

이런 지난한 과정을 함께한 동생이 미국에서 살다가 덜컥 암에 걸렸다. 두 시간이면 세계 최고의 암병원에 가서 치료를 받을 수 있다는데 아이들을 걱정한 동생은 근무하던 병원에서 수술을 하고, 동네 병원에 다니며 항암치료를 받았다. 그 무렵 작가는 집안 사정으로 집 한 채를 잃어버리는 시련이 있었다. 아들이 내미는 인턴 퇴직금을 들고 여비를 마련하여 미국으로 날아갔지만, 동생은 이미 모든 것을 하늘의 뜻에 맡긴 듯, 참 훌륭한 의사를 만났다는 거짓말로 언니를 안심시키고 큰 병원으로 옮기려 하지 않았다. 힘들게 얻은 휴가 한 달, 기필코 동생을 살려내겠다며 온갖 방법을 써봤지만, 한국으로 돌아온 지 육 개월 후 동생은 세상을 떠나고 말았다. 건강할 때 한 번도 가보지 못하고 눈을 감은 뒤에야 가서 이국땅에 묻고 돌아오며 작가는 피눈물을 흘렸다. 그것이 그에게 지울 수 없는 상처와 회한의 화석물로 굳어졌을 것이다.

김인옥은 왜 수필을 쓰는 것일까. 사실 문자를 표현 도구로 삼는 수필이라는 장르는 만만치 않은 작업이다. 더구나 시그니피앙이니 시그니피에라고 하여 기표와 기의의 경계를 넘나들면서 한 문장씩 만들어 내는 수필은 혼신을 쥐어짜야 하는 정신 노동의 영역이다. 그럼에도 그가 고뇌하며 용기를 내어 수필을 쓰는 것은, 수필이 고백성과 진실성이라는 명제 앞에서 반성과 후회, 용서와 화해를 소멸시키는 어느 예술 장르보다 밀도 높은 내면의 치유기제이기 때문이다.

「새봄」 이후, 김인옥의 수필은 폭넓은 걸음을 보인다. 무심한 남편에 대한 「결혼 이야기」, 「옛날통닭과 생탁 한 병」, 「쉬운 여자」, 「동행」, 「나는 열애 중」 등에 나타나는 역설적 유머가 그러하고, 표제작인 「라라의 털모자」 외 「손주바보」, 「선물」, 「다시 태어나도」로 이어지는 가족사 수필은 그의 내면에서 훈풍을 느끼게 한다.

워킹맘의 입장에서 쓴

"다시 태어나도 내 아이들의 엄마가 되고 싶다. 그러나 그땐 좀 더 시간이 넉넉한 엄마였으면 좋겠다. 아침마다 머리 빗겨주고 등 굣길 배웅하겠다. 학교에서 돌아오면 따뜻한 가슴으로 포근히 안아주고, 사랑한다 말해주겠다. 자주자주 눈 맞추며 아이들의 말에 귀 기울이겠다. 대야에 따뜻한 물 담아 발을 씻어주고 까르르 웃는 아이의 웃음소리도 듣고 싶다. 그리하여 행복한 유년을 선물하고 싶다."

라는 단락에서는 낯익은 풍경임에도 세상의 어머니를 절절이 대변하고 있어 가슴이 뛰고, 뭉클해진다.

「고마운 사람들」은 형식의 틀을 벗어난 단순 나열형의 글임에도 우리들을 잠시 멈추게 하여 아득한 지난날을 돌아보게 한다. 왜 이런 신선한 문법을 생각해 내지 못했을까 하는 아쉬움을 작가들에게 주기에 충분한 글이다. 종교적 색채를 살짝 입힌 「용서」를 먼저 읽어보라고 독자에게 추천드리고 싶다. 문학적 완성도가 꽤 깊은 글이다. 이러한 그의 글들은 모두 「새봄」에서 파생하여 그의 내면의식을 튼실하게 키워온 결과물들이다.

　김인옥은 새내기다. 문학 근처에서 두루 머물렀다고는 하나 등단 2년차의 어린 싹이다. 그런 그가 경쟁을 넘어 올해 문화재단 창작지원 수혜자로 선정되어 이 책을 내게 된 것은 각혈하듯 표출해낸 그만의 내면적 풍경들이 인정을 받았기 때문일 것이다. 그는 지난 세월을 두고 '하고 싶은 것을 하지 못한 시간'이었다고 한다. 그래서인지 성악을 하고, 인문학을 찾아다니고, 차를 달인다. 수필가로서 밑천을 마련하는 바람직한 모습이다. 그런 일들이 부디 수필이라는 표현의 도구로 수렴되어 이번 작품집처럼 우리들의 삶에 큰 즐거움을 주기 바란다. 『라라의 털모자』의 출현을 진심으로 환영한다.

- 홍억선(한국수필문학관장)

김
인
옥
수
필
집

봄, 여름, 가을 내내 엽록소를 만들고,
꽃을 피우고, 열매를 맺은 후
비로소 자신의 색깔을 드러내는 나무처럼,
고희 가까이 시작한 글쓰기도
저 자신의 모습을 찾아가기 위한 여정이었습니다.
벌레먹고 칙칙한 제 글이 단풍잎처럼 곱게 물들 때까지
이 길을 쉼없이 걸어가고 싶습니다.

우리시대의 수필 작가선 112

라라의 털모자

김인옥 2024

인쇄일 | 2024년 12월 05일
발행일 | 2024년 12월 09일

지은이 | 김인옥
엮은이 | 이유희
편집인 | 이숙희
발행처 | 수필세계사
인쇄처 | 포지션

출판등록 | 2011. 2. 16 (제2011-000007호)
주소 | 41958 대구광역시 중구 명륜로 23길 2
연락처 | Tel (053) 746-4321 / Fax (053) 793-8182
E-mail | essaynara@daum.net

값 13,000원
ISBN 979-11-93364-12-3

* 이 책은 울산광역시, 울산문화관광재단 '2024년 예술창작활동(문학)
지원사업'의 지원을 받아 발간되었습니다.